CAUSERIES

D'UN

NATURALISTE

Arbifié conforme au tirage

Paris, 1 Juin 1862

Bonaventure

23468

Paris.—Imprimé chez Bonaventure et Ducessois,
55, Quai des Grands-Augustins.

CAUSERIES

D'UN

NATURALISTE

PAR

A. DUPUIS

Professeur d'histoire naturelle
Membre correspondant de l'Académie royale d'agriculture de
Turin, de la Société d'agriculture et des arts
de Seine-et-Oise, etc.

PARIS ·

CH. ALBESSARD ET BÉRARD, LIB.-ÉDITEURS
8, RUE GUÉNÉGAUD ;

Même maison à Marseille, 25, rue Pavillon.

1862

Tous droits réservés.

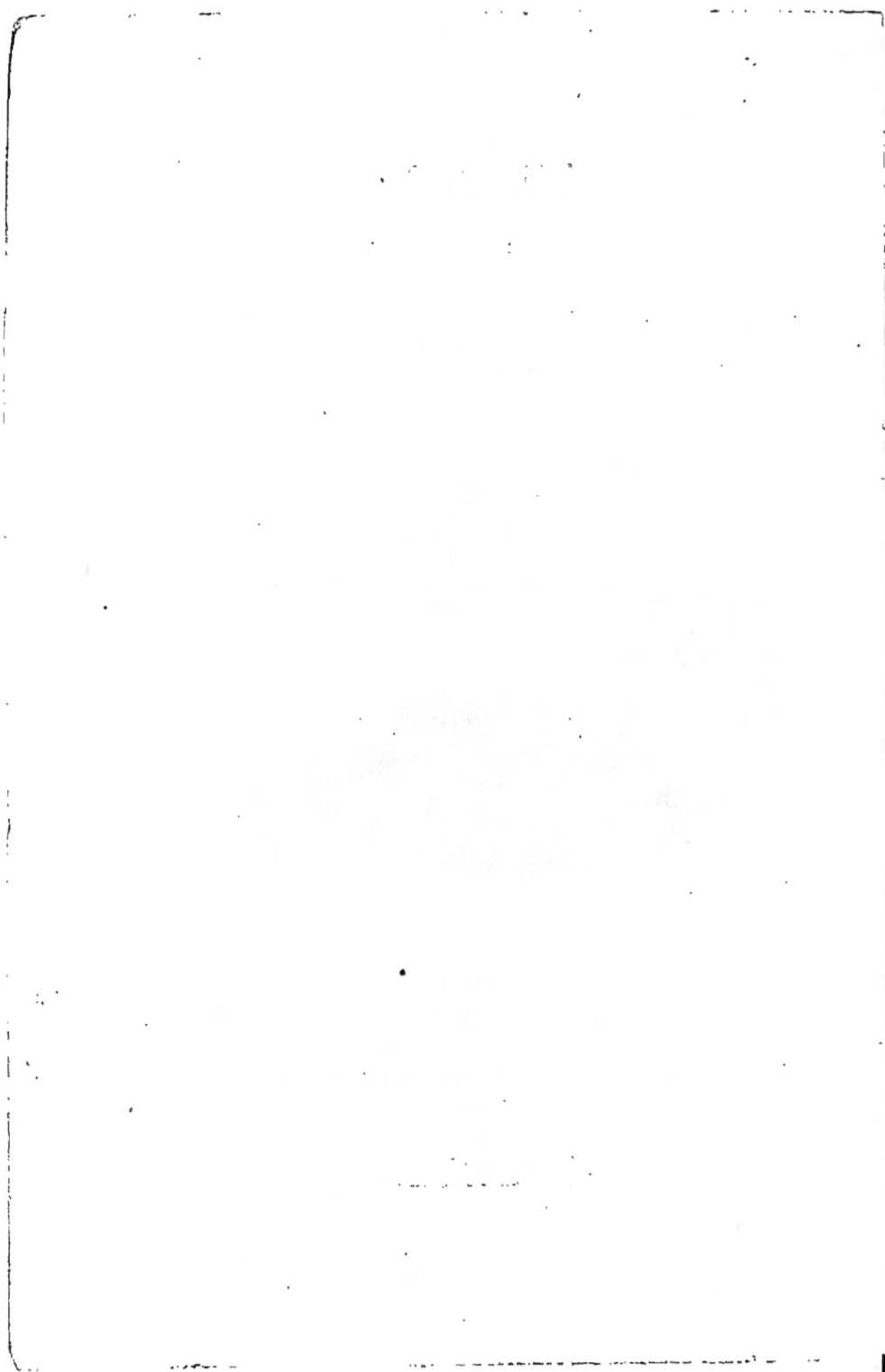

CAUSERIES

D'UN NATURALISTE

I

DE L'ACCLIMATATION

Les meilleures idées sont souvent bien longtemps à faire leur chemin. Dès leur origine, elles ne sont pas toujours bien comprises, bien appréciées; des obstacles de toute nature, des préjugés invétérés à vaincre, s'opposent à leur réalisation. Ce n'est que par des efforts infatigables, par une lutte opiniâtre, qu'elles arrivent à surmonter ces obstacles et à se faire jour. Leurs premiers résultats sont même plus d'une fois méconnus; il faut accumuler preuves sur preuves, de manière à convaincre les plus incrédules, ceux qui ne veulent accepter que les faits

1

acquis depuis longtemps. Ne nous en plaignons pas trop ; la difficulté agrandit la lutte et élève le succès. Lors même, d'ailleurs, que l'idée principale ne se réaliserait pas, la discussion en soulève une foule d'autres, qui, sans cela, seraient restées dans l'oubli ; en définitive, la science et l'humanité ne peuvent qu'y gagner.

Le tableau des développements progressifs de l'intelligence humaine aux diverses époques nous présenterait de nombreux exemples de ces faits. Les applications les plus utiles des sciences ne se sont pas fait en un jour la place qu'elles occupent ; si nous en recueillons aujourd'hui les avantages, nous sommes souvent loin de nous douter du temps et des efforts qu'il a fallu pour les faire accepter.

I

L'acclimatation a subi le sort de toutes les idées neuves, utiles et fécondes, de toutes les grandes choses qui se créent par les efforts de l'initiative individuelle. Sans doute, cette belle application des sciences naturelles ne date pas de nos jours. Tous nos animaux domestiques ont commencé par exister à l'état sauvage, et la plupart nous sont venus de pays étrangers. On peut et on doit même dire que, parmi nos espèces actuelles, celles dont l'utilité est réelle sont presque toutes originaires de l'Orient, et surtout de l'Asie; c'est là un fait que les recherches des naturalistes et des historiens ont mis hors de doute. Mais ce qui s'est opéré jusqu'à ce jour démontre que nous n'avons su utiliser qu'une bien petite partie de nos richesses.

Les Romains, en introduisant chez eux les animaux les plus rares, pour les faire combattre dans le cirque, ne voulaient qu'obéir à leur goût passionné pour ce genre de spectacles. Ils ont fait peu pour la partie vraiment utile de l'acclimatation. Quand les patriciens élevaient et engraissaient, dans leurs parcs ou leurs viviers, des espèces d'origine étrangère, ils se préoccupaient seulement du soin de satisfaire aux exigences d'un luxe qui s'accroissait tous les jours, et nullement de répondre à un besoin de haute utilité publique.

Il faut ensuite, pour trouver des études ou des essais sérieux relatifs au sujet qui nous occupe, traverser de longs siècles et arriver à Buffon. L'illustre naturaliste a, le premier, insisté sur les avantages que présenterait l'introduction des animaux étrangers, de ces espèces, dit-il, que la nature tient en réserve, et qui sont destinées à devenir nos richesses les plus précieuses.

Nélis, en Belgique; Bernardin de Saint-Pierre, Lacépède, et surtout Daubenton, en France, l'ont suivi dans cette voie nouvelle. Ces derniers ont préparé l'établissement de la ménagerie du jardin des Plantes, qui devait attirer l'attention publique sur ce sujet, et dont la fondation est due surtout au zoologiste qui avait pris pour épigraphe ce simple mot : *Utilitati!* à Étienne Geoffroy Saint-Hilaire.

Au commencement de ce siècle, un auteur dont le nom mériterait d'être plus connu, F. A. Rauch, a émis sur l'acclimatation, ou, pour parler plus exactement, sur l'introduction des espèces étrangères, des idées dont l'expression, trop souvent emphatique, respire du moins le plus profond amour de l'humanité. Un ministre célèbre, François de Neufchâteau, partageait entièrement ces idées, auxquelles Fr. Cuvier devait donner l'autorité de la science.

Mais ce n'étaient là que des tentatives isolées ; à la même époque, l'introduction des plantes exotiques était un fait accepté généralement, et le jardin des Plantes voyait se fonder un cours de culture et de naturalisation des végétaux.

Un naturaliste dont les sciences déplorent la perte récente, le digne héritier d'un nom illustre, Isidore Geoffroy Saint-Hilaire, rendait de grands services à l'acclimatation des animaux, soit par les essais faits à la ménagerie placée sous sa direction, soit par les savantes leçons qu'il consacrait à l'étude des animaux domestiques ou susceptibles de le devenir.

Déjà la cause de l'acclimatation gagnait du terrain. Des amateurs zélés, des savants recommandables se livraient, de leur côté, à des travaux analogues. Des éléments aussi puissants étaient faits pour réunir et grouper autour d'eux tous ceux qui s'intéressaient à la même cause, et rendre ainsi plus facile et plus certaine la réalisation de leurs idées. Ce qui devait arriver arriva en effet. Savants et praticiens se réunirent, et la Société d'acclimatation fut fondée. Ce fut le 10 février 1854 qu'elle tint sa première séance, et depuis lors elle a continué ses travaux avec un zèle qui ne s'est pas démenti un seul instant.

Elle avait d'abord à préparer les voies, à faire accepter ses idées par le public; c'est à cela que fut consacrée la publication de son bulletin mensuel. La Société réunit ainsi en un faisceau commun les études et les travaux isolés qui se produisaient sur divers points. Mais bientôt arrivèrent les applications pratiques. Des animaux lui furent adressés de différentes régions du globe. Elle les distribua provisoirement, soit à la ménagerie du Muséum, soit à des membres actifs et dévoués qui voulurent bien se charger des soins d'élevage et de domestication, et dont les rapports, adressés de temps à autre à la Société, firent connaître les résultats divers de ces premières tentatives. Aujourd'hui, la création du Jardin zoologique du bois de Boulogne offre un champ favorable à ses expériences.

Mais la Société d'acclimatation ne devait pas s'astreindre à l'objet principal indiqué par son titre. La force même des choses devait l'amener à étendre peu à peu le cercle de ses attributions. Comment, en effet,

1.

se livrer à des essais sérieux d'acclimatation, sans
s'occuper en même temps de questions en quelque
sorte annexes : introduction de races étrangères,
amélioration de races indigènes, domestication des
espèces sauvages, conservation des animaux utiles
dont des causes diverses tendent à diminuer le
nombre, et, par suite, destruction des espèces dange-
reuses, applications agricoles ou industrielles des
différents produits, etc., toutes choses qui, en définitive, tendent à un même but?

Enfin, il était souvent impossible de s'occuper de
l'introduction de certains animaux et de négliger
celle des plantes dont ils se nourrissent. C'est ainsi
que la Société, fondée d'abord au point de vue exclusivement zoologique, a étendu la sphère de son
action aux végétaux utiles. La nature organique est
dès lors devenue le domaine largement ouvert à ses
investigations.

II

Le Créateur, en distribuant les êtres animés sur
la surface du globe, a donné à chaque région des
espèces qui lui sont propres; mais ce serait une
erreur de croire qu'elles y sont renfermées dans des
limites infranchissables. L'homme possède, au contraire, le pouvoir de modifier jusqu'à un certain
point, mais néanmoins d'une manière sensible, la

population animale et végétale d'un pays. Déjà, dans ce dernier règne, que de grandes choses ont été faites! nos champs, nos bois, nos parcs, nos jardins se sont enrichis de productions étrangères. C'est aux sociétés d'horticulture et à leurs brillantes expositions que l'on doit l'impulsion puissante donnée dans ces derniers temps à l'acclimatation des végétaux exotiques, s'il est vrai que cette acclimatation soit possible.

Le doute que nous venons d'émettre demande quelques mots d'explication ; faisons voir ici la différence qu'il y a entre acclimater, naturaliser et domestiquer, termes que l'on confond trop souvent.

Acclimater, c'est accoutumer, par des transitions insensibles, un être animé à supporter un climat différent de son climat natal. *Naturaliser*, c'est transporter cet être dans un pays nouveau, mais offrant le même climat. *Domesitquer*, c'est, en qu que sorte, acclimater et naturaliser tout à la fois, avec cette différence que les êtres restent toujours sous l'empire des soins donnés par l'homme.

C'est pour n'avoir pas tenu compte de ces différences que l'on est tombé de part et d'autre dans des exagérations. Ainsi, on croit trop généralement qu'il est facile d'acclimater dans le Nord des végé taux des régions chaudes ; d'un autre côté, un de nos plus savants horticulteurs a nié la possibilité, non-seulement de les acclimater, mais même de les naturaliser. La vérité est entre ces deux extrêmes.

Il faudrait, ce nous semble, fermer les yeux à
l'évidence pour nier d'une manière absolue la natu-
lisation des végétaux, lorsque nous en voyons autour
de nous des exemples frappants. Souvent des plantes
exotiques, cultivées d'abord dans les jardins, répandent leurs graines dans le voisinage et s'y perpétuent
sans le moindre soin de culture. D'autres fois, ce
sont des graines transportées par les vents, entraî-
nées par les eaux, ou amenées accidentellement par
le commerce ; ainsi le lavage des laines étrangères a
naturalisé dans les prairies de Port-Juvénal, où on
les étend pour les faire sécher, une foule de plantes
étrangères, dont les graines s'étaient attachées aux
toisons des animaux. Quand ces plantes sont en assez
grande abondance pour échapper aux *razzias* de
certains botanistes collecteurs, elles s'emparent du
terrain, qu'elles partagent avec les plantes indigènes.
et acquièrent le droit de cité dans leur nouvelle patrie.

D'autres fois, l'envahissement se fait d'une manière si énergique, qu'il devient difficile d'extirper
ces plantes, malgré tout le soin qu'on y met ; elles
pullulent alors dans les cultures et sont considérées
comme mauvaises herbes. C'est ce que nous voyons
aux environs de Paris, pour l'érigeron du Canada,
l'herbe à la ouate, le redoul à feuilles de myrte, etc.
C'est ce qui a dû arriver sans doute pour le coqueli-
cot, la nielle, le bluet, le chrysanthème et d'autres
plantes adventices dans les moissons, qui ont dû,

dans des temps fort reculés, être introduites avec les graines des céréales, puisque nous ne les trouvons jamais que dans les terres cultivées ou dans leur voisinage immédiat. Du reste, le phénomène inverse se produit, et le nouveau monde s'enrichit des productions de l'ancien : le marrube blanc et quelques autres plantes d'Europe croissent aujourd'hui au Brésil en telle abondance qu'on pourrait les en croire originaires.

Ces faits n'ont rien qui doive nous surprendre. Comment en serait-il autrement, si ces plantes trouvent chez nous un sol, un climat, en un mot des conditions d'existence analogues à celles qu'elles avaient dans leur pays natal? Concluons donc que, dans beaucoup de cas, et par les seules forces de la nature, des végétaux peuvent se naturaliser dans une région qui ne leur avait pas été primitivement assignée.

Mais il est à peu près démontré aujourd'hui que l'acclimatation des plantes, dans le sens précis que nous avons donné à ce mot, est chose impossible. En voyant certains végétaux, tels que l'aucuba du Japon ou le paulownia impérial, cultivés d'abord en serre chaude, puis en serre tempérée, puis en orangerie, passer enfin à l'air libre, on a pu croire qu'ils s'étaient acclimatés. Mais ces mêmes végétaux, cultivés immédiatement en plein air, auraient tout aussi bien réussi; si on les a fait passer d'abord par l'intermédiaire des serres, c'est que, ne connaissant pas bien leurs exigences, on a dû prendre plus de soins. Quand leur tempérament a été mieux connu, on a pu négliger ces précautions, comme cela se pratique aujourd'hui.

On peut bien, il est vrai, dans certaines circonstances, par l'emploi de variétés plus rustiques et plus hâtives, faire dépasser à certaines espèces les limites fixées par la nature ; c'est ce qui s'est produit pour certaines variétés de blé, d'olivier, de noyer, etc. Mais remarquons qu'il s'agit ici de plantes cultivées, et par conséquent ce serait plutôt un fait de domestication.

Si maintenant nous tenons compte des ressources puissantes dont dispose la culture, et en particulier celle des jardins, notre conclusion pourra être modifiée ; il devient évident, en effet, qu'on peut, avec plus ou moins de soins, faire vivre et prospérer la plupart des plantes dans des régions très-différentes ; en d'autres termes, qu'elles sont susceptibles d'être plus ou moins *acclimatées*. Si, pour ne pas introduire de nouveaux termes, on conserve celui d'*acclimatation*, c'est dans ce sens qu'on devra l'employer.

III

Les résultats obtenus jusqu'à ce jour dans l'acclimatation des plantes, faibles si on les considère relativement à l'ensemble du règne végétal, sont immenses par rapport à ce qui a été fait pour les animaux. A quoi tient cette faiblesse de résultat pour ce dernier règne, bien plus nombreux cependant que l'autre? D'où vient que, sur 100,000 espèces animales aujourd'hui connues, 43 seulement sont passées à l'état domestique? D'où vient qu'à l'exception de quelques espèces accessoires acquises dans ces derniers siècles, nous ne sommes guère plus avancés sur ce point que les anciens?

Il faut bien le dire, dût cet aveu nous coûter un peu de honte : nous avons cru jusqu'à présent nos richesses suffisantes sur ce point. C'est à peine si, dans les ouvrages publiés depuis un siècle, nous trouvons quelques lignes relatives à cette grave question. Avant Buffon, personne peut-être n'avait songé à ces espèces *de réserve* (selon son expression heureuse), qui sont appelées à augmenter nos ressources, et peut-être même à les suppléer. « Non, dit ce grand naturaliste, l'homme ne sait pas encore assez ce que la nature peut, ni ce qu'il peut sur elle.... Nous n'usons pas, à beaucoup près, de toutes les richesses qu'elle nous offre ; le fonds en est bien plus immense que nous ne l'imaginons. »

Et, en effet, avant qu'on eût dompté un cheval, attaché des bœufs à la charrue, élevé des oiseaux dans les basses-cours, recueilli la laine des brebis, le miel de l'abeille, la coque du ver à soie, l'insecte du nopal ou la pierre rouge sécrétée par quelques polypes microscopiques, qui se serait douté des richesses et des jouissances de tout genre que ces animaux nous procureraient un jour? Qui donc pourrait dire si, parmi ceux que nous n'avons pas encore utilisés, plusieurs ne sont pas destinés à nous en procurer de semblables et même de plus grandes? Depuis que les découvertes de l'Amérique et de l'Australie ont augmenté considérablement le nombre des espèces connues, c'est à peine si nous avons opéré en tout sept conquêtes plus ou moins utiles. Serait-ce que tout est fait? Non, sans doute. Comment donc expliquer notre indifférence?

Il est vrai que si la naturalisation d'un animal dans un climat analogue au sien présente déjà certaines difficultés, il y en a de bien plus grandes quand il s'agit de l'habituer à vivre dans un climat différent. Les animaux, bien plus heureusement doués sous ce rapport que les plantes, ne possèdent néanmoins que dans certaines limites la faculté de pouvoir s'accommoder à des conditions d'existence différentes de celles que la nature leur avait assignées dans le principe. Aussi les efforts des particuliers, quels que soient d'ailleurs le zèle et l'intelligence qu'on y déploie, sont-ils nécessairement insuffisants.

Mais on peut espérer d'excellents résultats de la Société zoologique d'acclimatation, qui, fondée il y a quelques années à peine, a déjà montré comment elle comprenait son mandat, soit par l'introduction de nouvelles espèces, soit par la publication de son

Bulletin. « Il ne s'agit de rien moins, dit son honorable président, que de peupler nos champs, nos forêts, nos rivières, d'hôtes nouveaux ; d'augmenter le nombre de nos animaux domestiques, cette richesse première du cultivateur ; d'accroître et de varier les ressources alimentaires, si insuffisantes, dont nous disposons aujourd'hui ; de créer d'autres produits économiques ou industriels, et, par là même, de doter notre industrie, notre commerce et la société tout entière de biens jusqu'à présent inconnus ou négligés. » Nous voudrions que ces belles paroles de M. Geoffroy Saint-Hilaire fussent entendues non-seulement de tous les naturalistes, mais encore de tous les hommes de cœur et d'intelligence, de tous ceux qui savent admirer de nobles pensées élégamment exprimées.

Pourquoi vouloir retarder l'humanité dans la route du progrès, où une voix d'en haut lui dit de marcher, au contraire, d'une manière incessante ? Dans nos sociétés modernes, les progrès de la civilisation créent sans cesse de nouveaux besoins, et ceux-ci enfantent de nouvelles industries. Laissons des moralistes trop rigoureux condamner ce fait d'une manière absolue : nous pensons, nous, que ce superflu, que cette soif du nouveau, que ces aspirations de l'humanité vers l'accroissement du bien-être, peuvent et doivent, s'ils sont bien dirigés, conduire à des résultats remarquables.

Mais, dira-t-on, au lieu de chercher à acquérir du

2

nouveau, ne vaut-il pas mieux perfectionner ce que nous avons?—Sans doute; mais l'un n'empêche pas l'autre; au contraire, ces deux objets ont des principes scientifiques communs, et, loin de se nuire, ils doivent s'aider réciproquement.

Pour proscrire l'introduction de nouvelles races, il faudrait démontrer que les nôtres sont arrivées à leur dernier degré de perfection, ou du moins qu'il est facile de les y amener en peu de temps. Personne, assurément, ne voudra soutenir cette thèse. Personne, par conséquent, ne songera à nier l'avantage qu'il y aurait à prendre au dehors de chez nous des races mieux appropriées à notre climat ou aux exigences de notre culture, et dont l'introduction serait un véritable bienfait. Ajoutons que des croisements intelligents permettraient dans beaucoup de cas d'améliorer nos animaux, en leur donnant les qualités qui leur manquent.

IV

Dans l'acclimatation d'espèces nouvelles, animales ou végétales, on peut se proposer trois buts différents : 1° acclimater et domestiquer des espèces jusqu'alors restées sauvages; 2° acclimater, dans notre pays, des espèces domestiques ailleurs; 3° acclimater, mais non domestiquer, des espèces sauvages. Ce dernier étant déjà suffisamment expliqué, nous nous contenterons d'ajouter quelques mots sur les deux autres, et notamment sur le premier.

La domestication augmente la fécondité des espèces ; avec le climat et la nourriture, elle constitue les trois causes principales qui modifient les caractères extérieurs des animaux. Or cette modification, qui peut être une dégénérescence pour le zoologiste, est à coup sûr une amélioration pour l'agriculteur. Quand des animaux sauvages deviennent domestiques, la taille, la couleur, la forme, le poil, la graisse, etc., subissent des changements notables ; l'homme s'approprie de plus en plus ces espèces et les dispose à son usage. Mais comment espérer qu'un de ces animaux pourra être appelé un jour à nous rendre des services, si l'on ne connaît pas son organisation, ses fonctions, ses mœurs, son régime, sa nourriture, ses affinités, etc. ? L'ignorance de l'un de ces éléments pourrait devenir une source d'erreurs et de mécomptes. C'est ici que la science dévoile toute l'utilité de ses enseignements.

L'acclimatation, dans notre pays, d'espèces domestiques ailleurs, offrant moins de difficultés, devrait être plus encouragée. En Angleterre, les personnages les plus élevés ne dédaignent pas de s'en occuper. Espérons que cet exemple aura des imitateurs en France. Sans doute des essais de ce genre ne sont pas à la portée de tous les agriculteurs ; mais il est du moins une chose que l'on pourrait attendre d'eux ; c'est que, renonçant à des

préventions injustes, ils soient mieux disposés à recevoir les améliorations et les découvertes faites par
les hommes de science.

Ce qui importe surtout, dans l'acclimatation
comme dans toutes les entreprises humaines, c'est
de ne pas se laisser décourager par les premiers insuccès. L'acclimatement d'une espèce, avons-nous
dit, présente toujours des difficultés. On n'arrache
pas ainsi un être à ses conditions d'existence sans
qu'il en souffre un peu. Or ce n'est pas dans quelques années, ce n'est même pas dans une génération
que l'on peut espérer lui faire acquérir de nouvelles
habitudes, une nouvelle manière de vivre; c'est une
conquête qui demande surtout de la patience, des
soins constants et minutieux. C'est souvent à ces
conditions, et à ces conditions seulement, qu'il peut
conserver ses qualités, en même temps qu'il en acquiert de nouvelles.

D'un côté, les ennemis du progrès ne manqueront
pas de faire sonner bien haut les insuccès presque
inévitables dans les entreprises de ce genre. De
l'autre, ceux qui sont impatients de jouir accuseront
la lenteur des premiers essais. Sachons être plus
raisonnables, et éviter ces deux excès fâcheux. Rap-
pelons-nous que, lorsqu'il s'agit de modifier profondément à notre profit le plan de la création, la lenteur n'est le plus souvent que de la sagesse. Les
efforts généreux des hommes qui consacrent leurs
soins à l'acclimatation, quelque faibles qu'ils puis-

sent paraître d'abord, doivent, pourvu qu'ils aient
une bonne direction et qu'ils soient conduits avec
persévérance, produire des résultats heureux ; résultats dont ceux qui viendront après nous ne pourront
que leur savoir gré, et que notre génération même
pourra souvent apprécier.

II

LE BLAIREAU

Le blaireau appartient au groupe des carnassiers et à la famille des plantigrades. Ce genre est très-voisin des ours, avec lesquels Linné l'a réuni. Il ne paraît renfermer qu'une espèce, mais on en reconnaît deux ou trois variétés assez distinctes. Cette espèce unique est le blaireau commun (*Meles vulgaris* Desm., *Ursus meles* L.), appelé vulgairement, selon les localités, *blaireau*, *grisart*, *taisson*, *taï*, *tissooun*, *ravas*, et désigné, par les anciens auteurs, sous le nom latin de *taxus*. Cet animal a la taille d'un chien de moyenne grandeur. Sa tête, assez semblable à celle du renard, a des yeux petits, des oreilles courtes et arrondies ; elle présente sur les côtés deux bandes noires longitudinales, passant sur l'œil et sur l'oreille, et séparées par une tache blanche. Les mâchoires sont fortes, ainsi que les dents, qui sont au nombre de trente-six, savoir : douze inci-

Fig. 1re. — Le Blaireau.

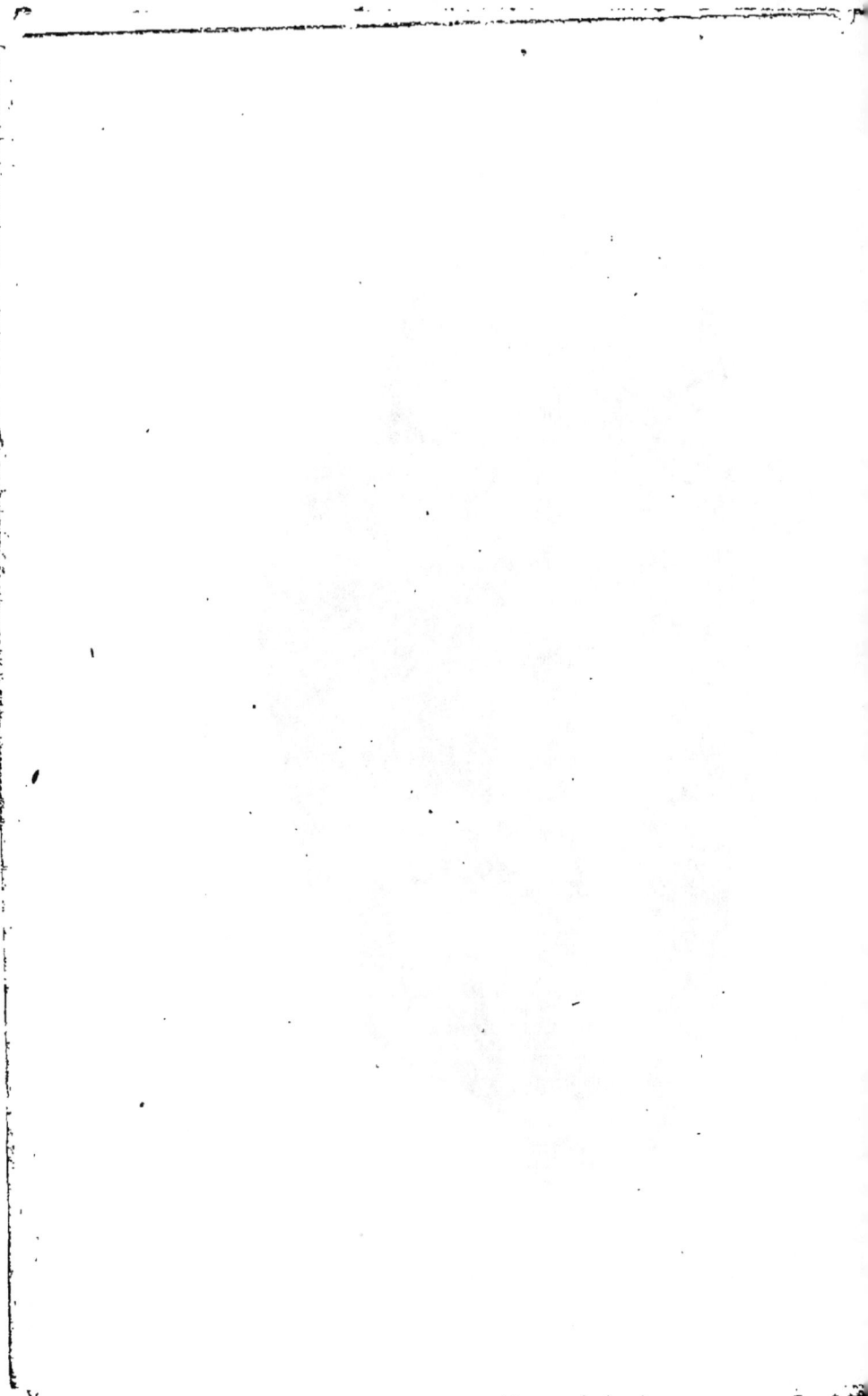

sives, quatre canines et vingt molaires. Le cou est
assez court. Le corps est allongé et présente un pelage composé partout de poils longs et épais, rudes
comme des soies de cochon ; sa couleur est grisâtre
ou gris brun sur le dos, et noire sous le ventre.
Cette particularité bien remarquable appartient exclusivement à quelques animaux de cette famille.
(On sait que les mammifères ont, en général, un
pelage plus foncé en dessus qu'en dessous.) On remarque, près de l'anus, une poche pénétrant à
quelques centimètres de profondeur et remplie d'une
humeur grasse et infecte. Les jambes, très-courtes,
mais très-fortes, se terminent par des pieds divisés
en cinq doigts munis d'ongles robustes. La queue est
courte et couverte de poils longs et épais.

Cet animal est bas sur jambes ; aussi semble-t-il
plutôt ramper que marcher ; ses ongles de devant
sont éminemment propres à fouir la terre, et servent
à creuser des terriers profonds.

Le blaireau présente, dans la taille, la couleur, etc.,
plusieurs variétés accidentelles ou permanentes. La
plus remarquable est celle dont quelques naturalistes ont fait une espèce, sous les noms de blaireau
ou glouton du Labrador, et que les Américains appellent *carcajou*. Celle-ci se reconnaît à son pelage
brun ferrugineux en dessus ; à sa ligne longitudinale
blanchâtre, bifurquée sur la tête et simple tout le
long du dos ; à ses pieds de devant noirs ; à son museau brun foncé sur les côtés. Sa longueur totale,

non compris la queue, est de 70 centimètres chez les mâles ; mais la femelle est beaucoup plus petite.

Ces diverses variétés se trouvent sur des points assez nombreux des régions tempérées et septentrionales des deux continents ; mais elles deviennent partout de plus en plus rares, à cause de la chasse incessante qu'on leur fait. Elles habitent surtout les fourrés des sols élevés et sablonneux, là où le sol est facile à creuser.

« Le blaireau, dit Buffon, est un animal pares-
« seux, défiant, solitaire, qui se retire dans les lieux
« les plus écartés, dans les bois les plus sombres,
« et s'y creuse une demeure souterraine, tortueuse,
« oblique, et poussée quelquefois fort loin. Il sem-
« ble fuir la société, même la lumière, et passe les
« trois quarts de sa vie dans ce séjour ténébreux,
« d'où il ne sort que pour chercher sa subsis-
« tance. »

C'est la nuit seulement que cet animal se hasarde hors de sa retraite ; encore faut-il pour cela qu'il ait épuisé les provisions qu'il y amasse d'ordinaire. Il s'éloigne peu, et revient au moindre danger.

Sans être sujet à l'engourdissement hivernal qu'éprouvent les loirs ou les marmottes, le blaireau dort fréquemment et longtemps ; aussi est-il toujours gras, malgré le peu de nourriture qu'il prend. La même cause fait qu'il supporte aisément la diète, et qu'il reste souvent trois ou quatre jours sans sortir de son terrier, surtout par les temps de neige. Il peut passer, et passe réellement, presque tous les hivers, un long temps sans manger. Il se nourrit alors de sa graisse, dont il est, en général, très-abondamment fourni dans cette saison, et lèche sa poche anale, d'où elle suinte continuellement.

Naturellement frileux, le blaireau garnit sa demeure d'herbes longues et souples, soit pour se reposer, soit pour se tenir plus chaudement. On y trouve rarement le mâle avec la femelle, surtout à l'époque où ils ont des petits. Il tient toujours cette demeure fort propre, et n'y fait jamais ses ordures ; mais il a soin de les déposer dans un trou qu'il creuse à côté. Malgré cela, il est, dit-on, sujet à la gale, et peut même communiquer cette maladie aux chiens qui pénètrent dans son terrier.

Le blaireau se nourrit de petits mammifères (taupes, rats, mulots), de reptiles (lézards, serpents, crapauds, grenouilles), d'insectes (hannetons, sauterelles, guêpes, bourdons), d'œufs d'oiseaux, de miel, etc. Il mange aussi des racines et des fruits sauvages (glands, faînes, pommes, poires, etc.). Quelquefois, pressé par la faim, il quitte sa retraite pour aller manger du raisin dans les vignes, quand elles n'en sont pas trop éloignées, ou des abeilles et du miel dans les ruches voisines des fermes ; mais cela n'a lieu que très-rarement, et ces dommages insignifiants qu'il cause aux cultivateurs ne doivent pas leur faire oublier les services qu'il leur rend, en détruisant une foule d'animaux nuisibles. Aussi, loin de le détruire comme un ennemi, devrait-on plutôt le protéger comme un auxiliaire.

En été, lorsque la femelle est au moment de mettre bas, elle commence par faire, au fond de son terrier, avec des herbes qu'elle va couper dans le voisinage, un lit commode pour elle et pour sa progéniture. Sa portée est de trois ou quatre petits. Dès que ceux-ci sont un peu grands, elle sort la nuit, pour aller chercher leur nourriture, et s'éloigne un peu plus que de coutume. Elle fait souvent sortir ses petits sur les bords du terrier, soit pour les allaiter, soit pour leur donner à manger.

« Le renard, dit encore Buffon, n'ayant pas la « même facilité que le blaireau à creuser la terre, « tâche de profiter de ses travaux : ne pouvant le « contraindre par la force, il l'oblige par adresse à « quitter son domicile, en l'inquiétant, en faisant « sentinelle à l'entrée, en l'infectant même de ses « ordures ; ensuite il s'en empare, l'élargit, l'appro- « prie et en fait son terrier. » Ainsi chassé de son gîte, le blaireau s'en pratique un nouveau à quelque distance.

Cet animal est très-défiant, d'ailleurs intelligent et plein de ruse ; aussi donne-t-il très-rarement dans les piéges qu'on lui tend. Lorsqu'il s'aperçoit qu'on a tendu un lacet à l'entrée de son terrier, il rentre dans sa demeure et cherche à se frayer une autre issue ; si cela lui est impossible, il reste plusieurs jours renfermé, jusqu'à ce que la faim le détermine à sortir. Alors il commence par bien observer le piége, par sonder le terrain; puis il roule de son mieux son corps en boule, pour ne pas donner prise au nœud coulant; enfin il s'élance d'un bond, et, à l'aide de quelques culbutes, il traverse le lacet sans être pris.

Quelquefois on enfume le terrier pour forcer l'animal à sortir, ou bien on y fait pénétrer un chien; le blaireau ne manque jamais alors de faire ébouler assez de terre pour couper toute communication entre lui et ses ennemis. C'est, du reste, le seul moyen qu'il a de se mettre en sûreté, car ses jambes sont trop courtes pour favoriser sa fuite. S'il lui arrive d'être surpris par les chiens, il se met sur le dos et se défend courageusement et jusqu'à la dernière extrémité, faisant avec ses dents et ses griffes de cruelles blessures à ses adversaires. On assure même que, comme le sanglier, il s'accule et se lance quelquefois contre les chiens. Crespon rapporte que deux blaireaux, poursuivis par deux gros chiens de berger, plutôt que de se laisser saisir, préférèrent se précipiter du haut d'une roche élevée et trouvèrent la mort dans leur chute. Aussi cet animal est-il difficile à chasser; le basset à jambes torses peut seul pénétrer dans son terrier. Lorsqu'on a réussi à l'acculer jusqu'au fond, on le découvre par-dessus, on le serre avec des tenailles ou avec une fourche, et on le muselle pour l'empêcher de mordre, si on tient à le prendre vivant; sinon, on l'assomme à coups de

3

bâton. Les Allemands sont grands amateurs de cette chasse, qu'ils font surtout la nuit, et dans la saison d'automne, à l'aide de deux bassets et d'un chien courant.

Buffon a observé que les jeunes blaireaux s'apprivoisent facilement; ils jouent avec les petits chiens et suivent, comme eux, la personne qui leur donne à manger et qu'ils reconnaissent. Ils ne sont ni malfaisants ni gourmands, comme le renard et le loup, et mangent de tout ce qu'on leur offre; néanmoins ils demeurent carnassiers et préfèrent la viande crue à tout le reste; ils dorment la nuit entière et les trois quarts de la journée, et craignent beaucoup le froid. Ceux qu'on élève dans la maison se décident difficilement à quitter le coin du feu; ils s'en approchent souvent de si près qu'ils se brûlent les pattes, et ces brûlures sont difficiles à guérir. Les blaireaux que l'on prend à un âge avancé demeurent toujours sauvages.

La chair de cet animal n'est pas mauvaise à manger; les habitants de la campagne s'en nourrissent volontiers dans certains pays. La graisse a une consistance moyenne, une couleur blanc sale un peu jaunâtre, une odeur et une saveur animales. Elle possède, dit-on, quelques vertus pour guérir les douleurs; il faut avoir soin de la choisir récente et pure; elle a eu autrefois assez de réputation en médecine, mais on ne la trouve plus que rarement dans les pharmacies. La peau, qui est épaisse, rude et

terne, est employée pour faire des fourrures gros-
sières, des colliers pour les chiens ; les rouliers en
couvrent ceux des chevaux de trait. Le poil est naturellement gras et malpropre ; lorsqu'il a été nettoyé, il est mis dans le commerce sous le nom de
grisart ; il est dur, ferme, cassant, non élastique,
long de quatre centimètres environ ; il sert à faire
des brosses et des pinceaux. Mais d'autres espèces
fournissent un poil beaucoup plus doux, qu'on lui
substitue avec avantage.

III

L'EFFRAIE

Les oiseaux de proie nocturnes ont dû être remarqués de très-bonne heure; la singularité de leur aspect, leurs mœurs toutes particulières ont attiré l'attention des populations, qui les ont envisagés sous des points de vue fort différents. Ainsi, tandis que les Grecs faisaient de la chouette l'emblème de la sagesse et l'oiseau favori de Minerve, les peuples modernes ont attaché des idées sinistres à ces oiseaux, qu'ils regardent comme des animaux de mauvais augure et nuisibles à tous les égards. Aussi, dans les campagnes, voit-on ces espèces vouées à la destruction et leurs corps exposés en trophées aux portes des maisons. Rien ne justifie cependant la réprobation universelle dont elles sont l'objet; si quelques-unes commettent des dégâts insignifiants, le plus grand nombre nous rend des services signalés, en détruisant des animaux nuisibles et surtout des in-

Fig. 2.—L'Effraie.

sectes. Et si leurs cris quelquefois lugubres éveillent dans les classes ignorantes des craintes superstitieuses, la science a réhabilité ces êtres aussi utiles qu'inoffensifs.

L'effraie est un de ces animaux sur lesquels on s'est plu à débiter le plus de contes. Le nom même qu'on lui a donné indique l'*effroi* que cet oiseau fait naître chez ceux qui ne le connaissent pas. On l'appelle encore *fresaie*, nom qui peut venir de la collerette ou fraise qu'il porte autour du cou, mais qui, d'après Ménage, dérive bien plus probablement par corruption du latin *præsaga*, allusion à cet oiseau regardé comme de mauvais présage. Ce qui semblerait devoir faire préférer cette dernière étymologie, c'est que dans le Poitou on l'appelle encore aujourd'hui *Présaye* et en Gascogne *Brésague*. C'est la *frésaco* des Bordelais, le *chouart* des Vendômois, la *damo* ou le *béoul'oli* des Languedociens, le *lucheran* de quelques autres provinces. On l'appelle aussi improprement *orfraie*, nom qui appartient à une autre espèce. Les Anglais lui ont donné un nom qui se traduit littéralement par *hibou blanc*. Belon, qui l'a confondu avec l'engoulevent ou tette-chèvre, le désigne sous celui de *chat-huant plombé;* Brisson, sous celui de *petit chat-huant,* etc.

L'effraie (*Strix flammea* L.) est une espèce du genre Chouette. Elle atteint une longueur totale d'environ 0m,33 ; sa face, aplatie, est d'un gris blanchâtre ; des plumes effilées et fines, variées de rouge et de brun, forment autour un grand cercle coloré ; le bec est droit, blanc, terminé par un crochet brun ; les yeux très-ouverts, ronds, noirs, à iris jaune, bordés de cils blancs très-fins et entourés d'une sorte de disque très-développé. L'oreille présente une conque et un opercule larges.

La partie supérieure du corps est d'une couleur cannelle finement tachetée de brun ou jaune roux, ondé de gris et marqué de nombreux points blancs ; d'autres fois gris de lin glacé, pointillé de blanc et de noir. Le dessous est d'un fauve clair, quelquefois d'un blanc pur, ou teinté de roux et moucheté de brun. Du reste, les nuances sont variables suivant les individus ; on en trouve qui sont entièrement fauves ou blancs, ou fauve clair marqué de zigzags gris et bruns. En général, les femelles ont des teintes plus claires et plus prononcées. Quoi qu'il en soit, l'effraie, avec son plumage soyeux, agréablement bigarré de blanc, de brun, de gris et de jaune, a une livrée assez riche pour un oiseau essentiellement nocturne.

Les pieds sont blanchâtres et duveteux, ainsi que les doigts, qui sont terminés par des ongles noirs.

L'effraie se trouve dans presque toutes les régions du globe, et son plumage n'est pas sensiblement modifié par les influences locales. Elle est commune en Europe, et habite jusqu'au sein des villes ; mais on la voit rarement ; car elle craint beaucoup la grande lumière et se tient constamment cachée dans

les trous des murailles des vieux édifices, dans les
cavités des rochers ou dans le creux des vieux arbres;
elle semble affectionner les clochers et les vieilles
tours. Elle s'introduit souvent aussi dans les granges
et les greniers pour y chasser les rats. Elle ne sort
guère que la nuit; sa pupille se dilate alors énormé-
ment et lui permet de voir très-clair, tandis que son
vol, doux et silencieux, favorisé par la mollesse de
ses plumes, fait qu'elle arrive à l'improviste sur sa
proie. Pendant les froids rigoureux, on trouve quelquefois cinq ou six effraies réunies dans le même
trou, ou blotties dans les fourrages, où elles cherchent l'abri, la chaleur et la nourriture.

Pendant le jour, l'effraie reste dans son trou,
dormant debout sur ses pieds, la tête penchée en
avant, le bec caché dans ses plumes, et fait entendre
son ronflement monotone. Ce n'est qu'à la nuit
qu'elle sort, volant de travers ou en culbutant,
comme les hiboux; elle va faire sa chasse dans les
greniers, et l'on assure même qu'elle descend quelquefois par les cheminées.

L'effraie se nourrit de petits animaux; souvent
elle précède l'oiseleur à ses lacets, et lui enlève
quelques-uns des oiseaux qu'il a pris; elle mange
aussi ceux qu'elle trouve endormis sur les branches
des arbres, les avale ordinairement en entier, et ne
dépouille de leurs plumes que ceux qui sont trop
gros. Elle fait en même temps une grande destruction de rats et de mulots, et sous ce rapport elle ne

le cède pas au meilleur chat. Ce n'est que dans les cas de disette extrême qu'elle se nourrit d'animaux morts. On peut toutefois lui faire accepter du poisson, à défaut d'autre nourriture. Après avoir digéré les chairs, elle rejette les résidus, tels que peaux, poils, plumes, os, etc., sous la forme de petites pelotes ou égagropiles, qu'on trouve assez abondamment dans son nid. Du reste, cet oiseau peut supporter une assez longue abstinence, et passer huit jours sans manger. Frédéric Gérard rapporte même qu'un naturaliste préparateur oublia, pendant un temps beaucoup plus long, une effraie qui lui avait été envoyée d'assez loin, et qu'il fut très-surpris, en ouvrant la boîte, de trouver un vivant à la place d'un mort. L'effraie se dressa, regarda les spectateurs avec surprise ; et rien, dans son aspect, ne semblait déceler l'affaiblissement causé par une longue abstinence.

L'effraie a une voix aigre et lamentable, un cri sinistre qui peut se représenter par les sons *crei, grei-grei, gre-grei,* et qu'elle répète en volant au-dessus des maisons, soit au crépuscule, soit par le clair de lune. Il devient plus perçant encore à l'époque des amours. C'est ce cri qui inspire une certaine terreur aux personnes craintives ou ignorantes, et qui a fait regarder l'effraie comme un oiseau de mauvais augure, à tel point que dans le peuple on l'appelle souvent *oiseau sorcier* ou *oiseau de la mort.* Il est du devoir de la science de combattre ce préjugé

ridicule, qui peut devenir funeste aux malades dont
l'esprit serait troublé par le cri de l'effraie entendu
au-dessus de leurs demeures. D'autres fois cet oiseau
fait entendre une sorte de souffle, *chei, chei, chue,*
ou de ronflement semblable à celui d'un homme
endormi ; ce cri est tout aussi triste, mais aussi peu
redoutable que l'autre.

Dans les moments de crainte ou de colère, l'effraie
hérisse ses plumes, étend ses ailes et présente un
aspect plus étrange encore que d'habitude ; elle fait
entendre alors un claquement redoublé, produit par
l'échappement de ses mandibules, qui sont très-
mobiles.

La femelle dépose ses œufs dans les trous des
murailles, la cavité des arbres ou dans les angles
des charpentes, et cela sans faire de nid. Elle pond,
au commencement du printemps, quatre à sept œufs
blanchâtres et allongés. Un conte bien ancien, et
que Pline n'a pas manqué de répéter, c'est que les
petits sortent de l'œuf la queue la première. Ces
petits sont tout blancs dans le premier âge, et ne
prennent que plus tard les teintes variées de l'espèce.

Bien qu'elle soit l'espèce la plus farouche parmi
les rapaces nocturnes, l'effraie s'apprivoise très-facilement quand on la prend jeune. Elle rend alors au
moins autant de services que le chat, et ne commet
guère d'autre mal que de tuer les petits oiseaux qu'on
laisse passer la nuit dehors. Cet animal, qui débar-

rasse notre voisinage d'espèces malfaisantes, devrait
donc être respecté à l'égal de la cigogne. La guerre
acharnée qu'on lui fait naît d'un préjugé de tout
point contraire à nos intérêts. La chair des petits
âgés de deux à trois semaines, et qui sont gras et
bien nourris, est assez bonne à manger. Mais il n'en
est pas de même de celle des individus adultes, qui
a un mauvais goût. L'ancienne médecine, qui tenait
absolument à trouver partout des remèdes et même
des panacées, a fait réputer cette chair excellente
contre la paralysie, la graisse propre à assouplir les
muscles, et le fiel desséché très-efficace dans les
ophthalmies.

Fig. 3. — La Cigogne.

IV

LA CIGOGNE

Les animaux de ce genre se font remarquer, dans le groupe des échassiers, par leur grande taille, non moins que par leur organisation et leurs mœurs. Ce sont des oiseaux à bec beaucoup plus long que la tête, gros, fort, lisse, large à la base, médiocrement fendu, à bords tranchants, aigu à l'extrémité ; les narines sont situées près du front et le tour des yeux est nu. La tête, dans son ensemble, est petite et peu gracieuse, portée par un cou fort long. Le corps est assez allongé, et les ailes amples, larges et concaves. Les jambes sont longues, grêles, mais robustes, dépourvues de plumes sur la moitié ou les trois quarts de leur longueur. Les tarses sont également très-longs, forts, garnis d'écailles petites ; les doigts, surtout les extérieurs, réunis à leur base par une membrane. Enfin la queue est généralement courte et égale. On voit qu'à l'exception de ce dernier organe, tout est long dans ces animaux. La taille des espèces varie de 0m,50 à 1m,50 et plus.

Ce genre se subdivise en trois groupes : les *Cigognes* proprement dites, à bec droit ; les *Marabous*, ou cigognes à sac, à bec recourbé ; et les *Jabirus*, à bec retroussé. Il renferme en tout une douzaine d'espèces bien déterminées ; toutes ont des mœurs identiques, et, à part la différence des climats, elles se nourrissent de la même manière. On en connaît trois en Europe, dont deux se trouvent en France pendant leur passage.

La cigogne blanche (*Ciconia alba* de Belon) est l'espèce la plus connue ; elle atteint, dans le mâle et la femelle adultes, la longueur totale de 1m,12 environ, du bout du bec à l'extrémité de la queue, et de 1m,30, si on mesure du bout du bec à l'extrémité du doigt du milieu. L'envergure est d'environ 2 mètres. Le plumage est généralement blanc, à l'exception des scapulaires et des grandes plumes de l'aile, qui sont noires, tirant souvent sur le violet. Les plumes du bas du cou sont longues, étroites, pointues et pendantes. Le bec et les jambes sont rouges ; l'iris brun, et autour des yeux on observe un espace noir ou d'un noir rougeâtre.

Cette espèce est très-répandue ; son aire s'étend, en latitude, de la Sénégambie à la partie méridionale de la Suède, et, en longitude, de la France au Japon. Peu commune chez nous, très-rare en Angleterre, elle abonde surtout en Hollande, en Allemagne et dans les parties orientales de l'Europe.

Les cigognes se tiennent ordinairement dans les prairies basses et humides, les marais, le bord des lacs, des étangs et des cours d'eau, sur les plages vaseuses ; c'est là qu'elles cherchent leur nourriture, qui consiste surtout en petits mammifères, oiseaux, reptiles et insectes. Elles l'y attendent souvent, immobiles, avec une patience infatigable. Elles se tiennent alors sur un seul pied, le cou replié, la tête en arrière et couchée sur l'épaule. Sonnini en a vu, aux environs de Thèbes, se tenir ainsi des heures entières sur des îlots de sable. Cette attitude, qui pourrait sembler fatigante, est néanmoins pour elles celle du repos ; le mode tout particulier d'articulation du tarse sur la jambe en fait une espèce de ressort. « Leur démarche, dit Frédéric Gérard, est « lente et grave ; elles ne courent que rarement, et « pendant peu de temps. Quoiqu'elles vivent sur « des terrains humides et même inondés, elles « n'entrent jamais dans l'eau que jusqu'à la jambe. « En revanche, elles volent avec une incroyable « rapidité, quoique assez pesamment. En deux ou « trois sauts, elles s'élancent de terre, et partent le « cou et les jambes tendus, les ailes largement dé- « ployées, de manière à figurer une croix, et s'élè- « vent en décrivant des spires qui vont toujours en « s'agrandissant jusqu'au plus haut point où l'œil « puisse les suivre. Quand elles descendent à terre, « c'est de même en tournoyant ; mais leur vol a un

4.

« caractère plus capricieux que celui des grues. »

On a si rarement occasion d'entendre la voix des cigognes qu'on pense généralement qu'elles en sont dépourvues. Dans le jeune âge, pour demander leur nourriture, elles jettent un cri qu'on peut rendre par *tchiit, tchiit*. Adultes, elles font entendre un bruit qui est produit par le battement de leurs deux mandibules ; et chaque fois elles renversent la tête en arrière, le bec étant couché presque parallèlement sur le dos. Ce bruit, que les Latins exprimaient par le mot onomatopique *glotterare* (terme qui n'a pas d'équivalent dans notre langue), paraît être un signe de joie ou d'émotion vive, ainsi qu'un cri de ralliement ; c'est surtout à l'époque des amours qu'elles le font entendre.

A l'approche des orages, les cigognes battent des ailes, bondissent et sautillent ; elles jettent en l'air et reçoivent dans leur bec les corps légers, tels que les brins d'herbe ou de paille, qui sont à leur portée.

Essentiellement migrateurs, ces animaux partent à des époques assez régulières, mais qui, dépendant de la température, n'ont rien de bien précis. C'est généralement en août qu'on voit les cigognes de tout âge se réunir dans les prairies. Elles y forment des bandes de plusieurs milliers d'individus, et leurs files allongées partent en s'élevant à une hauteur de 150 mètres. La place qu'elles abandonnent est occupée aussitôt par les cigognes qui viennent de cantons plus éloignés. Une sorte de revue générale, où le bruit familier de ces oiseaux se fait entendre, précède le départ. Des réquisitions ont lieu au domicile des cigognes apprivoisées, et celles qui refusent de suivre leurs compagnons sont maltraitées par eux. Mais bientôt septembre arrive, et il ne reste plus que quelques rares individus retenus par la paresse ou les infirmités.

La troupe voyageuse vole, et se repose la nuit sur les arbres ou le faîte des maisons, sans presque prendre de nourriture. Quand la faim se fait sentir, elle s'arrête une journée pour se repaître, puis se remet en route.

Au printemps, le retour s'opère de la même manière. Si le lieu où s'arrêtent ces oiseaux ne leur convient pas, ils repartent. Quelques retardataires ou des individus égarés restent alors autour des marais, où on les trouve plusieurs mois après le passage. Ils paraissent peu courageux au moment des migrations, car au moindre danger ils se hâtent de fuir.

Dans certains pays, la cigogne est devenue familière de la demeure de l'homme; elle niche dans les abris qu'on lui a préparés, soit à la campagne, soit surtout à la ville, au faîte des maisons, pour inviter les femelles à s'y établir. Elle construit avec des plantes sèches des nids larges, arrondis, plats et tout juste assez relevés sur les bords pour que les petits ne puissent tomber. On trouve souvent en Hollande de ces demeures artificielles, dans lesquelles des couples viennent, de temps immémorial, passer l'été chaque année, pour ne les abandonner qu'à la saison froide, à l'époque où les reptiles engourdis ne se montrent plus. Cette dernière cause, c'est-à-dire le manque de nourriture, paraît influer sur les voyages des cigognes au moins autant que la température, car ces oiseaux peuvent supporter un froid très-rigoureux; on en a vu, par 10º de froid, se plonger dans la neige sans paraître en souffrir.

Douées d'un instinct admirable, les cigognes savent toujours retrouver, au retour de leurs migrations, le nid qu'elles habitaient l'année précédente. Les Néerlandais se croient menacés de quelque malheur lorsqu'ils ne voient pas reparaître sur leurs maisons ces hôtes familiers.

Les cigognes détruisent beaucoup de reptiles; c'est ce qui a valu à ces échassiers non-seulement la protection assurée qu'on leur accorde, mais encore le respect presque religieux dont on les entoure dans certains pays. Chez quelques peuples de l'antiquité, c'était un crime capital d'attenter à leur vie. L'accueil qu'on leur fait, joint à leur instinct naturel, a rendu ces animaux confiants; dans les villes, on les voit souvent descendre sur les places publiques et chasser jusque dans les jardins, où on les enferme quelquefois, après leur avoir rogné les ailes, pour détruire les limaces et les escargots. Les cigognes s'apprivoisent facilement, s'accoutument bientôt à la vie domestique, où elles perdent presque toujours l'habitude des migrations, bien qu'à l'époque des voyages elles paraissent plus agitées que de coutume. Elles reconnaissent la voix de leur maître et se familiarisent même avec les enfants, aux jeux desquels elles se prêtent volontiers. A leur naturel doux et sociable elles joignent une grande propreté ; elles vont déposer au loin et à l'écart leurs excréments, qu'on ne voit jamais dans l'intérieur ni le voisinage de leurs demeures. En un mot, elles n'ont pas de vices, selon l'expression populaire. Aussi sont-ce des espèces privilégiées et protégées partout.

Il y aurait pourtant beaucoup à rabattre sur les éloges que l'on a donnés à ces oiseaux, en raison des services vrais ou prétendus qu'ils nous rendent. Ces services peuvent être réels en Égypte et dans les autres pays chauds, où les reptiles venimeux sont nombreux ; aussi ne sommes-nous pas surpris qu'on ait proposé d'introduire la cigogne à la Martinique, pour détruire le serpent fer-de-lance. Mais il n'en est pas de même chez nous. A l'exception de la vipère, qui habite des régions calcaires, rocailleuses et sèches où les cigognes ne vont pas, tous les reptiles de nos contrées sont complétement inoffensifs et d'une utilité réelle, par la destruction qu'ils font des mulots, des campagnols et des insectes, auxquels ils joignent, il est vrai, beaucoup de petits oiseaux insectivores. Très-friandes d'ailleurs d'abeilles et de

poissons, les cigognes font souvent de grands dégâts,
soit dans les ruches, soit dans les ruisseaux, étangs
et viviers. Néanmoins, la cigogne blanche est sous
ce rapport moins nuisible que la noire. Il faut dire
aussi que, ne dédaignant pas les charognes, ces oiseaux nous rendent un service réel, en nous débarrassant des débris d'animaux dont la décomposition
pourrait infecter l'air. On voit qu'il serait difficile
d'établir la compensation entre les services rendus
par les cigognes et les dégâts qu'elles causent. En
somme, nous croyons qu'il n'y a pas grand incon-
vénient à continuer à regarder ces échassiers comme
utiles. Rien ne justifie la chasse qu'on leur fait, si
ce n'est, comme le dit spirituellement Frédéric Gérard, l'envie qu'éprouvent les chasseurs de tuer tout
ce qui se trouve au bout de leur fusil. Nous dirons à
ce sujet que la cigogne est assez rusée, et qu'il faut
beaucoup de précautions pour la tirer.

« La cigogne blanche, dit Valmont de Bomare,
« est très-anciennement connue et célèbre de tout
« temps. Les anciens, et même les modernes, lui
« ont attribué les vertus morales les plus estimables :
« la fidélité conjugale, l'affection paternelle, la
« piété filiale, la reconnaissance, même la compas-
« sion pour la vieillesse, et l'instinct de la secourir.
« Les Grecs lui firent honneur de la loi qui forçait
« les enfants à nourrir leurs parents, et l'appelèrent
« de ce nom. Les Égyptiens lui rendaient un
« culte... »

La chair de la cigogne est peu agréable à manger
et difficile à digérer. On l'a regardée autrefois comme
alexipharmaque et propre à guérir les maladies du
système nerveux. On se sert de ses os pour faire des
appeaux.

La cigogne noire se distingue de la précédente par
sa taille plus petite et sa coloration. Le bec, la partie nue des jambes et les pieds sont noirâtres; le
dessus du corps est d'un noir tirant sur le violet,
nuancé de gris, de brun et de blanc. Elle est plus
sauvage et fuit les habitations des hommes, niche
dans les forêts de sapins, au sommet des arbres les
plus élevés, et se nourrit de poissons, de reptiles et
d'insectes. Elle paraît émigrer comme l'autre. Beaucoup plus rare en France, elle se trouve assez abondamment en Suisse.

Parmi les espèces exotiques, on remarque le
marabou, ou cigogne à sac, caractérisée par l'appendice charnu qu'elle porte au milieu du cou, et par
les plumes légères placées sous l'aile et sous la
queue; les usages de ces plumes, appelées aussi
marabous, sont bien connus chez nous.

Le Marabou habite l'Inde et le sud de l'Afrique,
où il vit en troupes nombreuses, à l'embouchure
des grands fleuves. Il se nourrit de mollusques, de
poissons, de reptiles et même de petits mammifères.
D'un naturel timide, cherchant à peine à se défen-
dre, il s'apprivoise et devient très-familier. Dans
quelques parties des régions qu'il habite, on l'a

réduit à une sorte de domesticité, afin de se procurer plus aisément ses plumes.

Le *jabiru* se trouve dans les terres inondées de l'Amérique du Sud ; il se nourrit de poissons et de reptiles ; il s'apprivoise facilement dans sa jeunesse, et sa chair est alors assez bonne à manger ; mais elle devient huileuse et d'une saveur détestable quand l'animal avance en âge.

Le *nandapoa* se trouve au Brésil ; il ressemble assez, pour la taille et la coloration, à notre cigogne blanche. Sa chair est assez bonne à manger.

Les autres espèces sont moins connues ; mais elles paraissent avoir des mœurs analogues.

Fig. 4.—Cistude d'Europe.

V

LES TORTUES

I

L'ordre des tortues ou des chéloniens se distingue
au premier coup d'œil par une particularité d'organisation qui ne se retrouve dans aucun autre groupe,
soit de reptiles, soit d'animaux vertébrés en général. Une partie du squelette, au lieu de rester cachée
dans la profondeur des parties molles, est devenue
extérieure et superficielle en prenant un développement considérable en largeur; elle est recouverte
seulement par une peau molle. Les côtes et les vertèbres dorsales d'une part, le sternum de l'autre,
forment un double bouclier qui enveloppe presque
complétement l'animal, ne laissant passer que la
tête et le cou, les quatre membres et la queue; encore même ces diverses parties peuvent-elles presque
toujours se retirer dans l'intérieur de cette boîte

solide. Ce caractère, si facile à voir, a été, comme on le pense bien, reconnu de toute antiquité. Dans une de ses épigrammes, Martial envie le bonheur de la tortue, qui porte toujours sa maison avec soi.

La partie supérieure de ce bouclier a reçu le nom de *carapace;* elle résulte de la réunion des côtes et des vertèbres dorsales élargies; en l'examinant par la face supérieure, on la voit formée d'un assez grand nombre de plaques osseuses, dont huit occupent la ligne médiane, seize constituent de chaque côté de celle-ci une rangée longitudinale, et vingt-cinq ou vingt-six entourent le tout comme un cadre ovalaire. La grandeur de cette carapace varie beaucoup, ainsi que sa forme, qui est plus ou moins bombée ou aplatie, et quelquefois carénée. Dans les Cinixys, la partie postérieure est mobile et peut fermer complétement en arrière la boîte osseuse.

Les côtes, au nombre de huit paires seulement, sont très-larges et présentent la forme de plaques ou de ceintures osseuses; elles sont soudées entre elles par leurs bords et unies en avant avec le sternum.

Le sternum présente aussi un développement considérable; il forme la partie inférieure du bouclier ou *plastron,* et s'étend en général de la base du cou à l'origine de la queue. Il est fixé de chaque côté à la carapace, soit par des cartilages, soit par un large prolongement osseux. Les Pixydes, ou tortues à boîte, ont le plastron divisé en deux battants par une articulation. La partie antérieure est mobile et peut fermer complétement la carapace après que l'animal a rentré sa tête et ses pattes antérieures.

La tête des chéloniens, généralement aplatie et fort élargie en arrière, est petite relativement au corps, et il en est de même du crâne par rapport à la tête.

Les membres présentent des doigts peu mobiles, et, en général, à peine distincts à l'extérieur. Tantôt aplatis et allongés en forme de rame, tantôt comme tronqués au bout, ils sont toujours trop courts pour pouvoir soutenir longtemps le poids du corps, et trop éloignés d'ailleurs du centre de gravité : aussi l'animal ne peut-il se mouvoir qu'en se traînant, le plastron presque toujours appuyé sur le sol ; sa marche est incertaine, d'une lenteur qui est devenue proverbiale ; il chancelle à chaque pas.

La peau conserve quelquefois une certaine mollesse ; mais le plus souvent elle est garnie d'une couche cornée très-consistante ou *écaille*. La dimension, l'aspect, la disposition de ces plaques cornées sur le plastron et la carapace varient selon les espèces. On les distingue, dans le commerce, par les noms de *feuilles, buscs, ailerons, pointes, carrés, sertissures*.

Les tortues n'ont pas de dents, mais une sorte de bec corné, à bords tranchants, qui rappelle celui des perroquets. Les mâchoires sont mues par des mus-très-forts : aussi, quand ces animaux ont saisi

5.

quelque chose, est-il presque impossible de leur faire lâcher prise.

Les chéloniens ne prennent qu'une faible quantité de nourriture et supportent très-bien l'abstinence; on en a vu passer des mois et même des années entières sans manger. Les uns vivent de végétaux terrestres ou aquatiques, d'autres y ajoutent de petits animaux.

La plupart des espèces de cet ordre n'ont réellement pas de voix. M. Duméril a excité de grosses chersites, des émydes et des émysaures; le seul son qu'il ait entendu produire était un souffle ou une expiration bruyante et prolongée.

M. le docteur Labouysse a remarqué, en Algérie, que les tortues de terre ou d'eau douce font entendre ce souffle lorsqu'elles sont saisies, ou qu'elles se trouvent exposées à un danger inévitable. Pour le produire, elles rentrent la tête et le cou dans la cavité de la poitrine. Le soufle est d'autant plus fort que la tête est plus allongée et rentre plus brusquement. Quand il veut le renouveler, l'animal dégage d'abord sa tête, pour aspirer une certaine quantité d'air, puis il la retire de nouveau. En maintenant, au contraire, cet organe aussi enfoncé que possible dans la carapace, on met la tortue dans l'impossibilité de produire le moindre son.

Quelques observateurs assurent néanmoins que les potamites, ou tortues fluviatiles, produisent de véritables cris, et que les Sphargis auraient tiré leur

nom des plaintes bruyantes que poussent quelques
individus de ce genre. Mais dans tous les cas, comme
le fait justement observer M. Duméril, les tortues
ne se mettent pas en communication par la voix les
unes avec les autres : aussi les regarde-t-on comme
tout à fait muettes.

Ces reptiles habitent surtout les climats chauds
et tempérés, et redoutent les pays froids. Leur lon-
gévité est extraordinaire; on a des exemples bien
authentiques de tortues terrestres qui ont vécu plus
de deux siècles.

Les chéloniens pondent des œufs revêtus d'une
coque résistante et plus ou moins dure; le nombre
de ces œufs est souvent très-considérable. Rauch
assure qu'une espèce, qu'il ne nomme pas, ne pond
que de vingt à vingt-quatre œufs, parmi lesquels il
en est un plus gros, qui produit un mâle; les autres
donnent naissance à des femelles. Ces œufs sont déposés dans le sable ou dans la terre, en un lieu
exposé au soleil. C'est là qu'ils éclosent. Les tortues,
à leur naissance, sont petites, les mâles surtout, et
couvertes d'un bouclier mince et peu résistant : aussi
deviennent-elles souvent alors la proie de leurs ennemis.

Toutes les espèces que Linné connaissait dans cet
ordre avaient été réunies par lui dans le genre *Tes-*
tudo; mais aujourd'hui elles forment un assez grand
nombre de genres. Les différences dans les mœurs
de ces animaux, qui coïncident avec des modifica-

tions dans leur structure, et surtout dans la configuration des pattes, les ont fait diviser en quatre familles, indiquées déjà en partie par Aristote et par Linné. Ce sont les tortues terrestres, paludéennes, fluviatiles et marines.

II

Les *chersites*, ou tortues terrestres, ont la carapace très-bombée, quelquefois plus haute que large ; les yeux placés de côté et à fleur de tête ; les mâchoires nues, cornées, tranchantes ou dentelées ; les pattes grosses, courtes, armées d'ongles courts, coniques. Ces pattes, qui ressemblent à des moignons arrondis, rappellent tout à fait les pieds des éléphants, avec la différence que les paumes ou les plantes en sont moins molles, et que l'animal ne marche guère que sur les bords du limbe : aussi sa progression est-elle excessivement lente et difficile. Les chersites vivent dans les bois et les lieux herbeux, rarement dans le voisinage des pièces d'eau. Elles se nourrissent principalement de végétaux, de vers, de mollusques, de cloportes, etc. Elles se creusent des sortes de terriers où elles passent l'hiver dans un état d'engourdissement.

La plus commune chez nous est la tortue grecque, qui habite le midi de l'Europe ; elle est d'un jaune verdâtre, et acquiert une longueur de 25 à 30 centimètres. Elle recherche de préférence les lieux sablonneux et boisés, où elle aime à se réchauffer au soleil, et passe l'hiver en terre. Beaucoup d'amateurs en conservent dans leurs parcs et leurs jardins, sans leur donner aucun soin. Elle pond des œufs qui éclosent dans la saison convenable, lorsqu'on ne les détruit pas en remuant la terre. On mange cette tortue en Italie et en Sicile.

La tortue mauresque est une espèce voisine, souvent confondue avec la précédente, dont elle se distingue par sa couleur olivâtre. Elle abonde en Algérie, où on la mange aussi; c'est souvent une ressource alimentaire pour nos soldats en expédition; mais les Arabes la dédaignent. Depuis quelques années, on en apporte beaucoup en France, où l'espèce se propage. Crespon en a gardé une pendant dix-huit mois; il la nourrissait de salade, dont elle était très-friande; elle a parfaitement passé l'hiver dans une jarre remplie de son.

La tortue géométrique, de Madagascar, est remarquable par sa petite taille et la disposition régulière et agréable des couleurs de sa carapace, qui est noire et traversée de lignes jaunes.

C'est encore à ce groupe qu'appartiennent les Pixydes ou tortues à boîte, et les Cinixys; nous avons déjà dit que le plastron chez les premières, la carapace chez les secondes, est en partie mobile.

Les *élodites*, ou tortues paludines, ont les pattes plus ou moins palmées, garnies d'ongles crochus. Leur carapace est solide, ovale, plus ou moins déprimée. Le cou est long et rentre dans la carapace, tantôt en se pliant en Z, tantôt simplement en se coudant; de là la division de cette famille en deux tribus, les cryptodères et les pleurodères. Elles habitent les bords des lacs, des marais et des cours d'eau peu rapides, où elles se nourrissent de batraciens, de petits poissons, d'insectes, d'annélides et de mollusques. Elles nagent assez facilement, et n'ont pas la lenteur de mouvements des tortues terrestres. Les genres *émyde* et *cistude* sont les principaux de cette famille.

La Cistude d'Europe, ou tortue bourbeuse, a une carapace déprimée, assez lisse, noirâtre avec des points jaunes, longue d'environ 16 centimètres. On la trouve dans tout le midi de l'Europe, mais surtout en Grèce et en Italie ; il paraît même qu'elle s'avance jusqu'en Prusse. Elle est très-alerte, tant sur terre que dans l'eau ; elle habite de préférence les eaux stagnantes, au fond desquelles elle aime à se tenir enfoncée dans la vase. Pendant les fortes chaleurs de l'été, on la voit souvent au-dessus de l'eau, où elle reste comme morte pour recevoir les rayons brûlants du soleil. Mais à l'approche de la saison froide, elle se retire dans des trous, où elle hiverne. On peut l'élever en captivité, en la nourrissant d'herbes et de mie de pain. La chair est bonne à manger ; elle est aussi employée en pharmacie.

Il n'en est pas de même d'une espèce d'émyde qui habite l'Algérie ; celle-ci, en général, a une odeur repoussante, nauséabonde, qu'on peut comparer à celle des solanées les plus vireuses. Elle n'est d'aucun usage. Peut-être faut-il attribuer sa mauvaise qualité à la nature des eaux bourbeuses qu'elle habite, et qui incrustent sa carapace d'un enduit limoneux ; il est possible qu'un séjour dans des rivières limpides et rocailleuses modifie avantageusement cette qualité.

L'émyde à lignes concentriques se trouve aux États-Unis, entre New-York et la Floride, et vit surtout dans les étangs salés. Sa chair est délicieuse, surtout à l'époque où l'on retire ces animaux engourdis des trous où ils s'étaient enfoncés pour attendre le retour de la belle saison.

Les *potamites*, ou tortues fluviatiles, longtemps confondues avec les précédentes, ont les pattes entièrement palmées, impropres à la marche. La corne de leur bec est revêtue extérieurement de lèvres charnues, et leur nez se prolonge en une petite trompe. Leur carapace est très-élargie, presque plate, dépourvue d'écailles et couverte seulement d'une peau molle et cartilagineuse ; de là le nom de

tortues molles qu'on leur a donné. Elles habitent les
régions chaudes et nagent très-bien. Elles sont très-
voraces et vivent principalement de reptiles, de
petits poissons, de mollusques, etc. La tortue molle
d'Amérique vit aux États-Unis ; elle se tient en em-
buscade sous les racines des arbres, saisit les reptiles et même les petits oiseaux, dévore surtout les
jeunes caïmans, et devient souvent elle-même la
proie des grands.

IV

Les *thalassites*, ou tortues marines, sont les plus
remarquables de tout l'ordre des chéloniens, soit par
leurs dimensions, soit par leur organisation et leurs
mœurs, soit enfin par l'importance des produits
qu'elles fournissent à l'économie domestique et à
l'industrie.

Les reptiles qui composent cette famille ont les
doigts étroitement serrés et enveloppés dans une
même membrane, et par suite entièrement immobiles. Leurs pattes, dont les antérieures sont deux
fois plus longues que les postérieures, sont dépri-
mées et changées en rames ou palettes ; propres
seulement à la natation, elles sont si peu aptes à
s'accrocher que si l'animal est renversé sur le dos,
il éprouve, à l'inverse d'autres chéloniens, la plus
grande difficulté et souvent une impossibilité com-

plète à se redresser et se replacer sur le ventre. Le
bec est fort tranchant sur les bords, et la mandibule
supérieure crochue.

La carapace des tortues marines est surbaissée et
en forme de cœur ; elle atteint quelquefois des dimensions considérables. On a vu des chélonées qui
pesaient jusqu'à 500 kilogrammes, et dont le bouclier avait 5 mètres de circonférence. Aussi, dans
les pays où ces grandes tortues sont communes et
arrivent à une taille aussi colossale, les indigènes se
servent-ils de leur carapace pour couvrir leurs huttes ;
ils en font encore des bacs pour y faire désaltérer
les animaux domestiques, des baignoires pour laver
les enfants, et même, dit-on, des pirogues ou na-
celles pour côtoyer les rivages. Ces circonstances
étaient connues des anciens, qui avaient donné à un
peuple le nom de *Chélonophages*, ou Mangeurs de
tortues ; car nous avons à peine besoin de dire que
des animaux aussi gigantesques doivent offrir une
quantité considérable de chair.

Les thalassites, propres surtout aux mers des pays
chauds, se trouvent aussi, mais plus rarement, dans
l'océan Atlantique et la Méditerranée. Elles se
nourrissent principalement de plantes marines.

Ces animaux nagent et plongent avec la plus
grande facilité ; on en rencontre quelquefois, à plusieurs centaines de lieues des côtes, flottant à la
surface de l'eau, et elles paraissent pouvoir très-bien
dormir dans cette position. Ce n'est guère qu'à

6

l'époque de la ponte qu'elles sortent de la mer ; ce moment venu, elles se rendent la nuit sur les rivages de quelques îles désertes, où elles se traînent au delà des limites des hautes eaux. Là, à l'aide de leurs pattes antérieures, elles creusent dans le sable un trou de 6 à 7 décimètres de profondeur, puis elles y déposent leurs œufs, dont le nombre, très-considérable, s'élève souvent à deux cents, et qui sont disposés par rangées très-régulières. Enfin elles les recouvrent de sable, et nivellent si bien le tout qu'on n'aperçoit aucune trace de leur travail. Néanmoins, cette précaution est souvent vaine ; le sable, qui n'est point affermi, cède sous les pieds des passants, et décèle la présence de ce dépôt.

La tortue retourne à la mer immédiatement après la ponte, qui se renouvelle deux ou trois fois dans l'année.

Les œufs, ainsi exposés à la chaleur du soleil, éclosent au bout de quinze à vingt jours. Les petits, qui sont dépourvus d'écaille, se dirigent aussitôt vers la mer, où ils ne paraissent généralement s'enfoncer qu'avec une certaine difficulté. A cette époque de leur existence, les oiseaux de proie, les crocodiles et les poissons voraces affluent en grand nombre vers ces parages et en font une grande destruction.

Les tortues marines se divisent en deux grands genres, les chélonées et les sphargis. Ces dernières, appelées aussi *tortues à cuir*, ont le dos recouvert non pas de lames cornées, mais seulement d'une

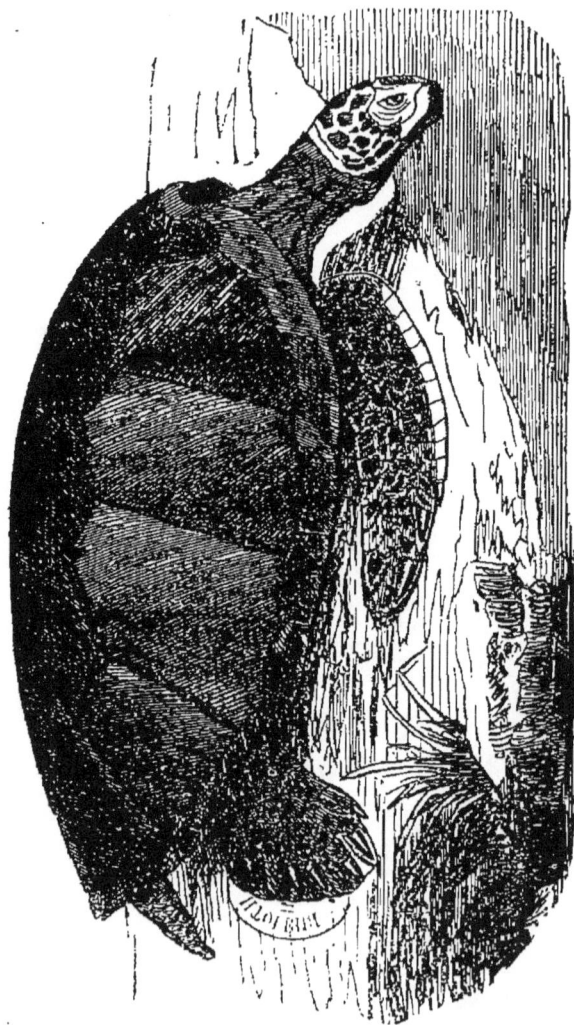

Fig. 5.—Chélonée franche, ou Tortue verte.

peau coriace. On n'en connaît guère qu'une espèce, le *luth*, qui se trouve dans la Méditerranée et l'Océan. Elle dépasse quelquefois 2 mètres de longueur, et sa chair est bonne à manger. Lacépède nous apprend que cette tortue est une de celles que les anciens ont le mieux connues, parce qu'elle se trouvait dans leur pays. On prétend qu'ils attachèrent à sa carapace des cordes de boyaux ou de métal, pour en tirer des sons, et que telle fut l'origine de la lyre.

V

Le genre Chélonée renferme un certain nombre d'espèces ; il en est trois dont l'histoire présente un grand intérêt.

La chélonée franche, appelée aussi *tortue franche* ou *tortue verte*, a la carapace fauve, présentant un grand nombre de taches marron glacé de vert. Elle atteint une longueur de 2 mètres et un poids de 400 kilogrammes. Sa force est, dit-on, si grande, qu'elle peut faire chavirer de petites embarcations. Elle habite surtout l'Océan, où elle se nourrit de zostères ; ce n'est qu'accidentellement qu'on la rencontre sur les côtes de France.

La chair de cette tortue et de quelques espèces voisines est très-bonne à manger. En Angleterre, elle forme un aliment de luxe. On expédie des vaisseaux à sa recherche jusque dans la mer des Indes,

6.

sur les côtes du Mexique et ailleurs, et on a même établi sur certains points du littoral des réservoirs ou parcs pour la conserver vivante. La graisse, malgré sa teinte verdâtre peu agréable, a un très-bon goût, et remplace le beurre et l'huile pour les préparations culinaires.

Les œufs, que cette tortue pond au nombre de deux cent cinquante par an, ont un albumen verdâtre et qui ne se coagule pas par l'action du feu; ils constituent également un mets assez estimé, surtout par les marins. Les Indiens en retirent de l'huile. Pour cela, ils les jettent, après les avoir bien lavés, dans des cuves à moitié remplies d'eau, puis ils les foulent avec les pieds. Après quelque temps d'exposition au soleil, l'huile monte à la surface; on la recueille, et on la verse dans des chaudières pour la purifier par l'ébullition : on assure qu'elle devient alors plus belle, plus claire et plus fine que l'huile d'olive.

La chélonée caouane, ou *cavoine*, a la tête plus grosse; sa couleur est brune ou marron foncé. Elle atteint une longueur de 1^m,50 et un poids de 200 kilogrammes. Cette espèce habite la Méditerranée et l'Océan; elle est très-vorace et se nourrit de mollusques. Sa chair est mauvaise, et sa graisse n'est employée que pour l'éclairage. L'écaille de ces deux espèces est quelquefois utilisée dans les arts; mais elle est toujours de qualité inférieure.

Avant d'en venir à l'espèce la plus remarquable

sous ce dernier rapport, nous croyons devoir parler des différentes manières dont se fait la pêche ou la chasse des tortues marines. Dans certains pays, les navigateurs profitent du moment où elles vont pondre sur la plage, ce qui a lieu surtout pendant la nuit; les matelots se rendent sur les mêmes lieux, armés de perches avec lesquelles ils retournent sur le dos les tortues qu'ils rencontrent. Nous savons qu'une fois dans cette position, il est presque impossible à l'animal de se retourner : aussi le retrouve-t-on le lendemain à la même place. On le transporte au navire, et on le laisse sur le pont, toujours couché sur le dos, pendant quinze ou vingt jours; de temps en temps, on a soin de l'arroser avec de l'eau de mer; on le dépose enfin dans des parcs destinés à le faire retrouver au besoin.

En pleine mer, lorsque les tortues dorment à la surface des flots, on voit les hardis insulaires des mers du Sud profiter de cette circonstance pour plonger et pour arriver en nageant jusque sous la tortue, qu'ils parviennent ainsi à saisir.

On pêche quelquefois la tortue au harpon, comme la baleine. Mais dans la mer des Indes, on emploie pour cela un poisson, le *naucrate* ou *sucet*, qu'on dresse à cette chasse. Ce poisson porte au sommet de la tête un appareil trop long à décrire, qui agit comme une ventouse. Quand les pêcheurs aperçoivent une tortue, ils lui lancent un de ces poissons, à la queue duquel est attachée une corde longue et mince, et dont ils ont toujours un certain nombre avec eux dans des baquets. Le poisson arrive jusqu'à la tortue et s'attache à elle, au point qu'elle ne peut s'en débarrasser; on ramène alors avec la corde les deux animaux, qu'on détache facilement l'un de l'autre, en imprimant à la tête du poisson un mouvement particulier d'arrière en avant.

VI

L'espèce la plus intéressante du groupe est la chélonée imbriquée ou tuilée, appelée aussi caret. Elle doit les deux premiers noms à la disposition des plaques de sa carapace, qui se prolongent en arrière les unes au-dessus des autres, et se recouvrent comme les tuiles d'un toit. Sa couleur est jaunâtre, marbrée ou jaspée de brun foncé; sa taille ne dépasse guère 50 centimètres. Cette espèce habite les mers d'Amérique et l'océan Indien; elle se nourrit de crustacés, mollusques et petits poissons, mais surtout de végétaux marins. Elle va pondre aux mêmes lieux que les autres chélonées; ses œufs, dont le nombre s'élève à environ deux cents par année, sont regardés comme un mets excellent, mais sa chair est mauvaise.

Le produit le plus important de cette tortue est l'*écaille* qui recouvre sa carapace. Cette substance présente la plus grande analogie d'aspect avec la corne; mais elle n'a pas, comme celle-ci, une structure fibreuse ou lamelleuse. Elle parait plutôt être une exsudation de matière muqueuse et albumineuse solidifiée, dont le tissu est homogène et peut être coupé et poli dans tous les sens. Elle est donc plus transparente et plus dure que la corne, et peut recevoir et conserver le plus beau poli ; aussi est-elle fort recherchée dans la tabletterie. Pour l'obtenir, il suffit de présenter devant un foyer ardent la face convexe de la carapace : les écailles se redressent, se détachent, et forment alors l'*écaille brute* du commerce ; chaque caret fournit en moyenne 1 à 2 kilogrammes de ces plaques.

On distingue dans le commerce plusieurs sortes d'écaille. La première et la plus estimée est celle qui nous vient des mers de la Chine, et notamment des côtes de Manille. Elle est épaisse, solide, peu flexible ; elle est noire, et paraît d'un rouge veineux lorsqu'on regarde la lumière au travers. Elle est marquée de taches jaune pâle, passant quelquefois au rougeâtre. On distingue sous le nom d'écaille jaspée les plaques à fond brun nuancé de rouge.

L'écaille des Seychelles nous vient par l'île Bourbon, et forme la seconde sorte ; elle est plus forte et plus épaisse que la précédente, d'une couleur vineuse nuancée de jaune clair et moins transparente.

La troisième sorte vient de Bombay, par Alexandrie : aussi l'appelle-t-on écaille d'Égypte ; elle est en feuilles généralement plus petites, plus minces, plus terreuses, souvent sujettes à se dédoubler.

Enfin l'Amérique nous fournit la quatrième sorte, qui est en feuilles plus grandes et plus épaisses que dans les autres, solides, verdâtres en dehors, noirâtres en dedans, rougeâtres par transparence et à grandes jaspures.

L'écaille brute présente des courbures et des épaisseurs inégales. On la redresse facilement, car cette matière se ramollit tellement par l'action de la chaleur, qu'on peut agir sur elle comme sur une masse molle, sur une pâte flexible et ductile qui se laisse étendre, souder, à laquelle, en un mot, on peut imprimer toutes les formes qu'on désire. Ainsi, en plongeant ces plaques pendant quelques minutes dans de l'eau très-chaude, puis en les comprimant et les laissant refroidir entre des lames de métal ou de bois dur, on leur donne une forme plate, qu'elles conservent ensuite. Ainsi étalées, elles sont grattées et amenées, à l'aide du rabot, à une épaisseur convenable. On peut alors les employer séparément; mais comme elles n'ont pas toujours la longueur ou la largeur désirées, on les soude l'une à l'autre en juxtaposant leurs bords, préalablement taillés en biseau, puis en les comprimant entre des plaques métalliques et plongeant le tout dans l'eau bouillante. D'autres fois on les trouve trop minces, et dans ce cas on les superpose, de manière que leurs parties minces et épaisses se correspondent réciproquement.

Les rognures et les râpures d'écaille sont soigneusement recueillies; on les réunit avec des fragments plus ou moins volumineux ; le tout est mis dans des moules métalliques, plongé dans l'eau bouillante et comprimé graduellement jusqu'à ce qu'on obtienne une masse compacte, que l'on désigne dans les arts sous le nom d'*écaille fondue.*

On utilise surtout pour cet usage l'*onglon,* ou dépouille des pattes de la tortue, dont on distingue deux sortes : l'onglon *galeux,* qui est couvert d'aspérités ou de *boucles,* et l'onglon *sain,* qui en est dépourvu; celui-ci nous vient de l'Inde, l'autre de l'Amérique.

On trouve quelquefois une écaille toute blanche, et une autre mouchetée de noir; mais elles sont très-rares, et par suite très-estimées.

On imite assez bien l'écaille avec de la corne, que l'on prépare de la même manière; et pour donner tout à fait à cette dernière substance l'apparence de l'autre, on la teint avec des sels d'or et d'argent qui produisent des taches noirâtres ou d'un brun rouge,

VI

LE CAMÉLÉON

L'imagination de l'homme est tellement avide de merveilleux, qu'elle ne peut se contenter de celui que la nature a répandu, comme à profusion, sur les êtres créés. Dans l'enfance des peuples, l'étude superficielle des mœurs des animaux a donné naissance à des fables et à des allégories qui, consacrées en quelque sorte par les poëtes, ne disparaissent que lentement devant le progrès des sciences. Cette observation, que l'on a occasion de faire presque à chaque pas en histoire naturelle, s'applique particulièrement au curieux et célèbre reptile qui fait le sujet de cet article.

Les caméléons forment, dans l'ordre des sauriens, un groupe à part, qui ne se rattache aux autres que par des liens assez éloignés. Les auteurs ne sont même pas d'accord sur l'orthographe de ce nom. Les Grecs, d'après Aristote, ont écrit *chamaileon,*

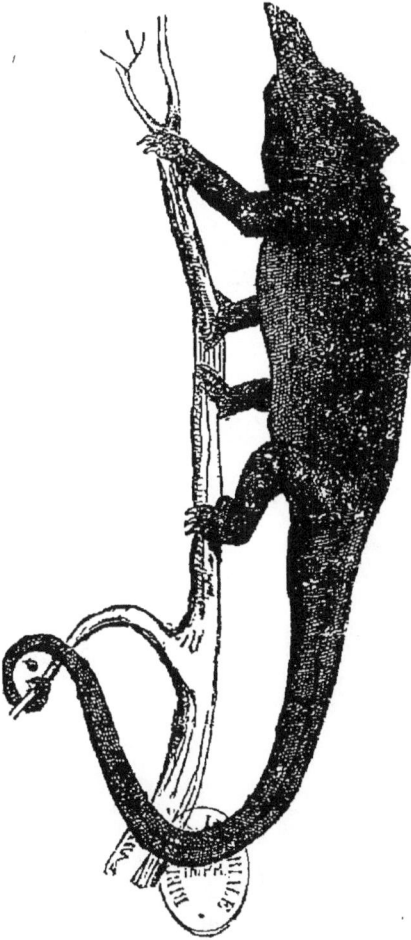

Fig. 6. Le Caméléon à nez fourchu.

7

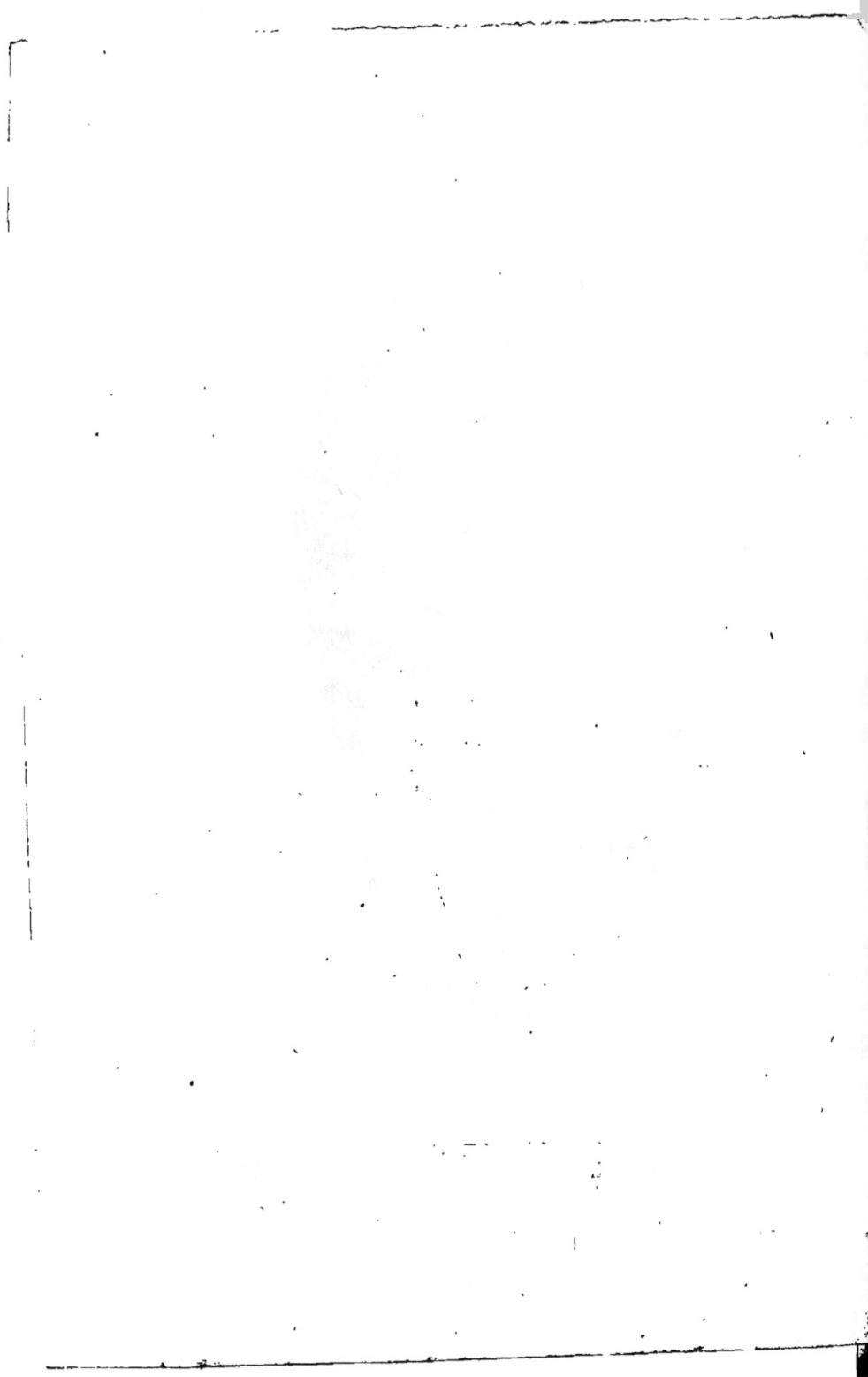

ce qui, d'après l'étymologie, signifierait *petit lion;* ce lézard, d'après eux, aurait quelque analogie avec le lion, soit par ses crêtes qui simulent une crinière et augmentent le volume de sa tête, soit par sa queue, avec laquelle il pourrait se battre les flancs comme le roi des animaux. Les Latins, en écrivant *chamæleon,* ont adopté cette manière de voir, qui a été partagée, dans des temps plus récents, et appuyée d'explications par Gessner et Panaroli.

Isidore de Séville, au contraire, pense que ce nom vient de la réunion des deux substantifs *camelos* et *leon;* il trouve en effet que ce reptile ressemble bien davantage au chameau par son dos bombé, ses pattes longues et sa queue conique. Les auteurs modernes, MM. Duméril et Bibron entre autres, ont adopté cette orthographe *caméléon,* qui a prévalu dans la science.

Le caméléon a une tête anguleuse, à occiput saillant, portée sur un cou gros et court. L'occiput et la nuque présentent, dans quelques espèces, des replis particuliers, et sous la gorge pend toujours un fanon dentelé.

La langue est cylindrique, vermiforme, terminée par un tubercule charnu, mousse, visqueux et déprimé à son centre; elle est susceptible de s'allonger beaucoup.

Les yeux sont gros, saillants; on lit dans les auteurs anciens que chacun d'eux est indépendant de l'autre dans ses mouvements. « On voit souvent un

« œil remuer, tandis que l'autre reste immobile;
« l'un se tourne en avant ou en haut, tandis que
« l'autre regarde en arrière ou en bas. Ces mouve-
« ments sont si étendus, que la prunelle s'enfonce
« dans les coins de l'œil, et se porte jusque sous la
« crête sourcilière, en sorte que l'animal, sans
« tourner sa tête, qui est très-serrée contre les
« épaules, peut voir à la fois les objets qui sont
« devant et derrière lui. La paupière suit exacte-
« ment tous les mouvements de l'œil. » Cette paupière, qui est unique, et dont la peau recouvre
complétement l'organe visuel, ne laisse au centre
qu'un petit trou arrondi, dilatable, correspondant à
la pupille.

Les orifices des narines sont très-écartés, et les
oreilles n'ont pas de tympan visible à l'extérieur.

Le corps de cet animal est comprimé, à dos saïl-
lant, et terminé par une queue arrondie, conique,
prenante, recourbée en dessous et munie de papilles.
Il est recouvert d'une peau granulée, comme cha-
grinée, mais assez lisse, douce et froide au toucher,
sans écailles imbriquées.

Les pattes sont grêles, allongées, élevées, toutes à
cinq doigts réunis entre eux jusqu'aux ongles en
deux faisceaux inégaux, l'un de deux, l'autre de
trois, et opposables en forme de tenaille.

« La grosseur du caméléon, dit le célèbre natu-
« raliste Daubenton, est sujette à varier d'un à deux
« pouces, selon qu'il s'enfle ou se rétrécit. Ces

« mouvements alternatifs de dilatation et de con-
« traction ne se bornent pas au thorax et au ventre,
« ils s'étendent jusqu'aux pieds et à la queue. Ils
« sont d'ailleurs très-irréguliers. On a vu ce reptile
« rester enflé plus de deux heures, pendant les-
« quelles il se désenflait un peu, puis renflait de
« nouveau ; mais la dilatation était plus soudaine et
« plus visible, et cela par des intervalles longs et
« inégaux. On l'a vu aussi demeurer désenflé pen-
« dant un temps considérable, et bien plus long-
« temps qu'enflé. En cet état, il paraissait si dé-
« charné, que l'épine du dos était aiguë, et que la
« peau semblait collée sur les apophyses épineuses
« et sur les obliques, ce qui faisait paraître trois
« éminences. On pouvait compter les côtes, et l'on
« apercevait distinctement les tendons des jambes
« de derrière et de devant. »

Cette maigreur, qui devient encore plus sensible
quand l'animal contourne son corps, a fait dire à
Tertullien que le caméléon n'est qu'une peau vivante.

Perrault pense que ces mouvements alternatifs ne
peuvent être attribués qu'à l'air respiré par l'animal,
qui a la faculté de le faire sortir de ses poumons,
d'où ce fluide se glisse entre les muscles et la peau,
quoiqu'il soit très-difficile d'expliquer de quelle manière se fait ce passage.

Cette description s'applique surtout à l'espèce la
plus commune de caméléon ; mais les treize autres
décrites par M. Duméril lui ressemblent tellement

7.

par leurs mœurs et leur organisation, et présentent entre elles une telle affinité, qu'il est à peu près impossible d'établir dans ce genre des coupes secondaires naturelles. Les plus remarquables, après le caméléon commun, sont les caméléons à nez fourchu, panthère, tigre, verruqueux, à trois cornes, etc. Toutes ces espèces habitent les régions chaudes, et la plus anciennement connue s'avance jusqu'en Algérie.

La faculté de changer de couleur, observée chez plusieurs reptiles, se retrouve au plus haut degré dans le caméléon, et constitue un des traits les plus remarquables de son histoire. Connue de toute antiquité, elle a donné une grande célébrité à cet animal. Les philosophes, les moralistes, les poëtes en ont fait l'emblème du flatteur, qui, n'ayant point de caractère à lui, s'accommode habilement aux idées et aux goûts de ceux à qui il veut plaire. La Fontaine a dépeint les flatteurs dans ce vers admirable et bien connu :

Peuple caméléon, peuple singe du maître.

Les plus grands génies, Aristote, Pline, Kircher, Descartes, Linné, etc., ont cherché à expliquer ce phénomène. Comme on avait remarqué une sorte de coïncidence entre les teintes du sol et celles de la peau du caméléon, on a cru que cette dernière reflétait toutes les couleurs des objets environnants;

mais on a reconnu aujourd'hui la fausseté de cette opinion. Il n'est pas prouvé non plus que les nuances diverses dont le caméléon peut se revêtir dépendent de sa volonté.

« Cette propriété, dit Duméril, tient certainement à diverses circonstances. Elle est évidemment le résultat de l'influence de la lumière solaire ou artificielle plus ou moins intense; elle dépend aussi, jusqu'à un certain point, de la température et de l'état hygrométrique de l'air dans lequel l'animal est plongé, peut-être de ses passions. Mais celles-ci agissant souvent sur sa respiration, il reste quelque incertitude sur l'agent primitif ou la cause réelle de ce phénomène. »

Les voyageurs et les historiens grecs les plus anciens, et après eux quelques modernes, ont prétendu que le caméléon prenait toutes les couleurs, excepté le rouge pur et le blanc. Mais des expériences plus récentes ont prouvé que cet animal peut très-bien affecter la dernière de ces teintes, quoique la cause n'en soit pas parfaitement connue. Il y aurait beaucoup à dire encore sur cette singulière propriété; nous nous contenterons d'ajouter que le caméléon conserve, après sa mort, les dernières distributions de teintes colorées que sa peau présentait au moment où il venait de périr.

Les anciens ont écrit que ce reptile a la gueule toujours ouverte, et que nonobstant il ne vit que d'air. Le fait est qu'elle n'est guère ouverte qu'après la mort; pendant la vie, il la tient d'ordinaire si exactement fermée, qu'il semble n'en point avoir, ses deux mâchoires étant réunies par une ligne presque imperceptible. Sa langue, très-développée et enduite d'une humeur visqueuse, semble destinée à former un organe de préhension plutôt qu'à servir à la déglutition, si ce n'est par son extrémité élargie, qui ne rentre pas dans son fourreau. L'animal la projette au dehors, avec une rapidité surprenante, à une distance de sa tête plus longue que son corps; il happe ainsi quelques gouttes d'eau, des chenilles, des insectes ailés, rarement des matières végétales; puis il la retire sans bruit et en un clin d'œil, et la fait rentrer en dedans de sa bouche, en la retirant et la plissant sur elle-même, de manière qu'elle semble disparaître. Il avale sa proie sans la mâcher. Les Indiens laissent volontiers le caméléon s'introduire chez eux, pour se débarrasser des insectes qui les incommodent.

Bien que Linné ait dit qu'il grimpe très-vite sur les arbres, sa marche est plus lente que celle d'une tortue; on peut dire qu'il ne rampe pas, et même qu'il ne peut ni courir ni nager. Son allure bizarre est un déplacement lent, régulier, avec une sorte de gravité affectée, qui semble mêlée de crainte et de circonspection. A terre, il avance ses pattes longues et dégagées, en tâtonnant avec précaution, pour trouver une place où il puisse les poser solidement; il laisse rarement traîner sa queue, qu'il tient parallèle à la surface du sol. Sur les arbres, il l'entortille aux branches. Quand il y monte, il semble ne pas se fier à ses ongles, plus pointus que ceux des écureuils; mais, s'il ne peut saisir les branches à cause de leur grosseur, il cherche longtemps les fentes de l'écorce pour y affermir l'extrémité de ses doigts.

Sorlin raconte gravement qu'il y a, entre le caméléon et le corbeau, une antipathie telle que cet oiseau meurt après avoir mangé la chair du reptile. Nous n'en finirions pas si nous voulions rapporter tous les contes ridicules que les anciens ont débités au sujet du caméléon, toutes les propriétés imaginaires qu'ils lui ont attribuées.

VII

LA VIPÈRE

Tous les serpents inspirent à l'homme un senti-
ment instinctif de répulsion, que la science ne
réussit pas toujours à faire disparaître. Ce n'est guère
pourtant que dans les régions chaudes qu'on trouve
des espèces réellement à craindre, soit par leur
grande taille, soit par leurs propriétés meurtrières.
La plupart de celles qui vivent en Europe sont parfaitement innocentes, et nous rendent même des
services, en nous débarrassant des insectes ou d'autres animaux nuisibles. Une seule mérite sa mauvaise
réputation, que du reste on a beaucoup exagérée;
c'est la vipère (*Vipera berus* Daudin, *Coluber berus*
Linné).

Cet ophidien est long d'environ 40 à 60 centimètres. Sa couleur, généralement brune, passe, dans
quelques variétés, au gris cendré, au roux presque
rougeâtre, ou au noir. Le dos présente deux rangées

Fig. 7.—La Vipère commune.

de taches noirâtres, qui se réunissent parfois en formant des bandes transversales, ou deux lignes longitudinales irrégulières et comme en zigzag, accompagnées d'une rangée de taches noires de chaque côté. Le dos est couvert d'innombrables écailles munies chacune d'une arête médiane, excepté les deux rangées latérales. Le ventre présente environ 155 plaques simples et d'une couleur acier ou ardoisée; le dessous de la queue a 80 demi-plaques disposées par paires.

La tête est comme triangulaire, plus large que le corps et susceptible de s'élargir encore davantage, en s'aplatissant, quand l'animal est en colère; c'est un des caractères les plus sûrs pour distinguer les vipères des couleuvres. La partie la plus large porte deux grosses taches brunes; une tache semblable se trouve sur le milieu de la nuque. Cette tête est couverte d'écailles granulées, qui servent encore à distinguer les serpents venimeux des espèces innocentes, chez lesquelles elle est recouverte de neuf grandes plaques. Le museau est obtus. La langue est très-extensible, fourchue; c'est cet organe que l'on regarde dans le vulgaire comme servant à la vipère à darder son poison; pur préjugé, car la langue des serpents est complétement inoffensive.

Les mâchoires sont noires, la supérieure tachée de blanc. Elles sont pourvues de deux rangées de très-petites dents à peine capables d'entamer la peau. Mais la supérieure a de plus deux dents très-diffé-

rentes des autres, longues, crochues et creusées,
dans toute la longueur, d'un canal qui peut être
considéré comme le conduit excréteur du venin
sécrété par une glande placée au voisinage de l'œil.
(On appelle ces dents des crochets mobiles; mais
c'est plutôt, à proprement parler, l'os maxillaire qui
se meut.) « C'est la liqueur sécrétée par cette glande,
dit Cuvier, qui, versée dans la plaie par la dent,
porte le ravage dans le corps des animaux......
Cette dent se cache dans un repli de la gencive,
quand le serpent ne veut pas s'en servir, et il y a
derrière elle plusieurs germes destinés à la remplacer si elle se casse dans une plaie. » Mais
lorsque la vipère doit faire usage de ces armes mau-
dites, elle les redresse, les enfonce dans le corps
qu'elle veut mordre, et produit ainsi dans la vésicule
venimeuse une compression qui force le venin à
s'écouler dans le canal et à s'introduire dans la
plaie.

La vipère commune est assez répandue en France
et dans diverses régions de l'Europe méridionale;
elle habite aussi le nord de l'Afrique. Fort rare dans
les plaines, elle fréquente surtout les cantons mon-
tueux, pierreux ou boisés. C'est surtout au printemps, dans la matinée, qu'on la rencontre, dans les
lieux exposés au soleil. Aux approches de l'hiver,
elle se retire dans des lieux obscurs, où elle passe la
mauvaise saison; on trouve ordinairement plusieurs
vipères ensemble, souvent entrelacées. Cette espèce,

dont la vie paraît être fort longue, change deux fois de peau dans l'année.

Sa nourriture ordinaire consiste en insectes, grenouilles et crapauds, taupes, souris et petits oiseaux ; elle avale en général sa proie en commençant par la tête. Son gosier est tellement dilatable qu'elle avale quelquefois des animaux quatre fois plus gros qu'elle ; elle digère très-lentement et peut supporter des diètes fort longues ; on assure même qu'elle passe tout l'hiver sans manger. Ces traits de mœurs lui ·sont d'ailleurs communs avec la plupart des autres ophidiens.

Les vipères s'accouplent vers le milieu du printemps ; elles sont ovovivipares, c'est-à-dire que les œufs éclosent dans le ventre de la mère, qui met ainsi au jour des petits vivants, appelés *vipéreaux*; le nom de *vipère* n'est, du reste, qu'une altération de *vivipare*.

Cet animal a l'œil très-vif; son regard menaçant semble annoncer toute sa cruauté. Pourtant son naturel est timide; et, comme si elle avait honte de son atroce nature, la vipère se cache ordinairement dans les lieux arides, dans les creux des rochers que l'homme ne fréquente pas d'habitude. Les animaux seuls sont donc exposés à ses attaques ; elle se jette rarement sur l'homme, et seulement quand elle est irritée. Dans certaines localités, aux environs de Poitiers et de Grenoble, on trouve des gens assez courageux pour faire la chasse aux vipères, qu'ils

saisissent adroitement derrière la tête en leur ser-
rant fortement le cou : ils leur coupent ensuite les
crochets avec un instrument tranchant. D'autres,
plus hardis encore, les enlèvent en les tenant par la
queue et ayant soin de tenir le bras tendu ; quelques mouvements que fasse alors la vipère, elle ne
peut, dit-on, se redresser assez pour mordre la main
qui les tient. Galien rapporte que des charlatans se
laissent mordre par les vipères, après avoir bouché
avec de la pâte ou de la cire les ouvertures de leurs
dents qui livrent passage au venin, pour faire croire
aux spectateurs qu'ils se garantissent de ses mauvais
effets par le moyen de leur antidote.

La vipère a été l'objet de nombreuses et célèbres
expériences de la part de Fontana, qui a poussé le
courage jusqu'à se faire mordre plusieurs fois. Le
venin, d'après ce savant physicien, n'est ni acide ni
alcalin ; il n'a point de saveur déterminée, et agit en
détruisant l'irritabilité de la fibre musculaire, et en
portant dans les fluides un principe de putréfac-
tion.

« Ce venin, dit M. Milne-Edwards, est un poison
violent. Il n'est ni âcre ni brûlant, et ne produit
sur la langue qu'une sensation analogue à celle
occasionnée par une matière grasse ; il peut être
avalé impunément ; mais, introduit en quantité
suffisante dans une plaie, il donne la mort avec
une rapidité effrayante. Son énergie varie suivant
les circonstances ; elle paraît être plus dangereuse

dans les pays chauds que dans les pays froids ou
tempérés. »

La morsure de la vipère n'agit pas de la même
manière sur tous les animaux. Toutes les espèces à
sang chaud, les lézards et quelques autres, en meu-
rent plus ou moins rapidement, tandis que la couleuvre, l'aspic, l'orvet, les sangsues, les limaces n'en
paraissent pas sensiblement affectés. D'après Fontana, le venin de la vipère n'est mortel ni pour
elle-même, ni pour les individus de son espèce;
mais ce fait est révoqué en doute par M. Milne-
Edwards.

La gravité des accidents est en raison directe de la
quantité du poison versé dans la plaie. Lorsque la
vipère a jeûné quelque temps et que le venin s'est
amassé en abondance dans les glandes, elle est bien
plus redoutable que lorsque, ayant déjà fait plusieurs
morsures, il ne lui reste plus qu'une petite quantité
de ce liquide. Comme d'ailleurs ce venin se repro-
duit lentement, il suffit, pour rendre la vipère inoffensive, de lui faire mordre d'avance du cuir, du
drap ou un corps analogue; c'est encore un de ces
procédés que les charlatans ont su employer de temps
immémorial.

En général, et toutes choses égales d'ailleurs, la
quantité de poison nécessaire pour tuer un animal
est en raison directe de la taille de celui-ci; un cen-
tième de grain suffit pour tuer un moineau; un pi-
géon exige une quantité six fois plus forte. Il en faut

8.

environ trois grains pour tuer un homme. Or, comme
en général la vipère n'en contient que deux grains,
et qu'elle doit même faire plusieurs morsures pour
en perdre cette quantité, il s'ensuit qu'un homme
de complexion ordinaire ne succombe pas à une ou
deux morsures de vipère, malgré les vives souffrances
qu'il éprouve, pourvu qu'il ne se livre pas à de trop
fortes impressions de frayeur. Dans tous les cas,
l'effet du poison est beaucoup plus prompt si la dent
du reptile perce un gros vaisseau veineux, de manière que le venin soit porté vers le cœur rapidement et en abondance.

Les accidents produits varient assez ; en général,
la circulation est très-affaiblie, le sang perd la faculté
de se coaguler, et la gangrène envahit la partie
mordue.

Le malade éprouve d'abord une douleur dans cette
partie blessée, qui se gonfle et se colore d'un rouge
livide ; s'il a été mordu à l'une des extrémités, l'en-
flure envahit souvent tout le membre. En même
temps, il ressent une faiblesse générale, accompagnée d'engourdissement, de nausées, de vomissements ; quelquefois aussi de syncopes, de délire ou de
convulsions ; ces accidents peuvent se terminer par
la mort, mais ce cas est très-rare ; nous en avons vu
le motif.

. « On reconnaîtra toujours, dit Richard, une morsure de vipère en ce que la plaie se composera
d'un certain nombre de petits trous de grandeur

égale formant une double ligne allongée, et que
dans le point opposé on verra deux trous ou quelquefois un seul, mais plus profonds, plus larges,
qui seront le résultat des deux ou d'un seul des
crochets venimeux. Si, au contraire, les deux parties opposées de la plaie ne présentent que des
trous tous d'égale grandeur et formant à peu près
deux lignes circulaires et opposées, on pourra avec
certitude y reconnaître une morsure de couleuvre.
Cette distinction est fort importante pour le médecin. »

On peut traiter de plusieurs manières la morsure
de la vipère; mais il faut que le traitement soit
prompt. Le mieux est de bien laver la plaie, de la
faire saigner, puis de la cautériser, soit avec le beurre
d'antimoine, la pierre infernale, soit avec tout autre
caustique qu'on aura sous la main. L'ammoniaque
ou alcali volatil est excellent pour cet objet, et produit de très-bons effets, même lorsqu'il est appliqué
assez longtemps après l'accident. L'application d'une
ventouse sur la plaie attire le venin à l'extérieur et
l'empêche d'être introduit dans le torrent circula-
toire. On arrive au même résultat par la succion de
la plaie, qui, comme nous l'avons vu, ne présente
aucun danger, pourvu que l'intérieur de la bouche
ne présente pas d'excoriations. Il est toujours bon,
d'ailleurs, de comprimer les veines, par une forte
ligature, au-dessus du point piqué, afin de ralentir
l'absorption du poison, et d'élargir un peu la plaie

avec un instrument tranchant. Voilà pour le traitement extérieur et local.

En même temps, on cherche à provoquer chez le
malade des sueurs abondantes. A défaut de ces médicaments compliqués, appelés *alexipharmaques* ou
alexitères, tels que la thériaque, etc., on peut employer l'infusion ou la décoction de racines de
dorstenia, d'ophiorhize, de serpentaire, de bois de
gaïac, ou bien enfin des plantes indigènes qu'on peut
se procurer facilement, douce-amère, bourrache,
scabieuse, canne de Provence, roseau à balais, sou-
chets, etc. On a obtenu d'excellents résultats du sul-
fate de quinine donné à la dose de 3 ou 4 grains dans
une cuillerée de vin, administrée d'heure en heure.

La chair de la vipère a eu jadis une grande réputation, et on l'emploie encore quelquefois en médecine. On l'a préconisée contre les fièvres malignes,
les maladies cutanées, la lèpre, l'épuisement dû à
une cause quelconque. On l'administre en gelée, en
sirops, en trochisques, en bouillon. Elle entre dans
la composition de la thériaque. Mais ces propriétés
sont fort contestables, et n'empêchent pas cet ophidien d'être un animal des plus nuisibles, qu'on doit
chercher à détruire dans l'intérêt de l'humanité.

Fig. 8.—La Salamandre terrestre.

VIII

LA SALAMANDRE

Lorsqu'on étudie attentivement et sans opinion préconçue les œuvres de la nature, on découvre pour ainsi dire à chaque pas des phénomènes imprévus et qui étonnent par leur étrangeté. On se demande avec surprise comment l'homme a pu longtemps méconnaître ce merveilleux réel pour y substituer un merveilleux imaginaire. L'histoire des animaux est remplie d'exemples qui démontrent ce que nous avançons ; un des plus remarquables nous est offert par la salamandre.

Les animaux qui composent ce genre ressemblent aux lézards par la forme extérieure, aux grenouilles par l'organisation. Sous ce dernier rapport, ils sont au nombre des reptiles les plus voisins des poissons. Leur place, dans la classification naturelle, est presque à la fin de l'ordre des batraciens.

Les salamandres ont le corps nu, dépourvu d'é-
cailles, luisant, de forme allongée ; la tête aplatie en
dessus et les mâchoires armées de dents très-faibles ;
quatre pattes privées d'ongles ; une queue longue, le
plus souvent aplatie latéralement. Leur peau est
tuberculeuse, gluante, comme celle des crapauds ;
elle sécrète une humeur laiteuse d'une odeur désagréable, vireuse et nauséabonde, d'une couleur
blanc jaunâtre, ayant la consistance d'un lait épaissi,
se coagulant à l'air et surtout par l'action de l'alcool,
et paraissant douée d'une réaction acide.

Les salamandres ont généralement des couleurs
sombres, des mouvements paresseux, des habitudes
tristes et solitaires.

Quelques espèces sont vivipares ; la plupart pondent des œufs très-petits, isolés ou réunis en chape-
lets par une matière glutineuse, comme ceux des
grenouilles. Les petits têtards qui en sortent subissent aussi les mêmes métamorphoses que ces dernières ; ils respirent par des branchies en forme de
houppe, tandis qu'à l'état adulte ils possèdent des
poumons.

Ces batraciens forment deux grands groupes :
1° les salamandres proprement dites, animaux terrestres, vivipares, à queue arrondie dans l'âge adulte,
à peau rugueuse, et ayant de chaque côté de l'occiput une glande charnue pareille à celle des crapauds ;
2° les tritons, animaux aquatiques, ovipares, à queue
toujours aplatie latéralement, à peau tantôt chagri-

née, tantôt lisse (ce qui caractérise le genre Lisso-triton).

Les salamandres proprement dites ne comprennent qu'un petit nombre d'espèces. La plus commune est la salamandre tachetée ou terrestre (*Salamandra maculosa* Lacép., *S. terrestris* Daud.). Cette espèce a une longueur de 16 à 18 centimètres; ses doigts sont séparés; ils sont au nombre de quatre aux pattes de devant, de cinq à celles de derrière. Sa couleur est d'un noir de suie; le ventre est brun, nuancé de bleuâtre. Le dessus de la tête présente de chaque côté deux grosses taches jaunes; les côtés du dos et la queue offrent également une rangée de taches pareilles; enfin d'autres taches plus petites et isolées se montrent sur les flancs et sur les membres.

C'est la plus grande de toutes nos espèces indigènes. Elle habite presque toute l'Europe et même l'Algérie; mais dans les contrées méridionales, elle préfère les régions élevées. Elle est beaucoup moins commune aux environs de Paris qu'en Normandie et en Bretagne. Elle fréquente les lieux ombragés et humides, vit sous les pierres et les grosses racines d'arbres, dans les trous, et pénètre dans les caves, dans les conduits souterrains, et jusque dans les appartements voisins des champs.

Cette salamandre est très-lente dans ses mouvements, lors même qu'on la regarde de près; elle ne s'éloigne guère de sa demeure, et ne sort que la nuit ou par les temps pluvieux. Ses mœurs sont, du

9

reste, assez curieuses pour que Rusconi ait écrit un livre intitulé : *les Amours des salamandres*.

Les salamandres terrestres se réunissent en grand nombre dans les mêmes lieux ; leur nourriture consiste en lombrics, limaces, insectes et vers. « On a « prétendu, dit Duméril, qu'elles pouvaient s'ali- « menter aussi d'humus ou de terre végétale, pro- « bablement parce qu'on en avait trouvé aussi dans « la cavité de leur estomac ; mais comme ces rep- « tiles mangent souvent des lombrics, à la recherche « desquels ils vont pendant la nuit, il est probable « que cette terre provenait de celle que les lombrics « avaient eux-mêmes avalée pour en extraire les « sucs organiques qui s'y trouvent ordinairement, « et qui proviennent des corps organisés, animaux « ou végétaux, dont cette terre contient les détritus. « Ces batraciens peuvent, du reste, supporter l'abs- « tinence pendant des mois entiers, du moins dans « les lieux humides, sans maigrir en apparence. « Quand ils restent exposés à l'action d'un air sec « et chaud, ce qu'ils craignent et évitent, ils perdent « beaucoup de leur poids ; mais, comme les autres « batraciens, ils récupèrent bientôt l'eau par ab- « sorption cutanée lorsqu'on les replace dans un air « humide. »

Une autre espèce, remarquable par la couleur noire que présente tout son corps, se trouve dans les Alpes ; une troisième habite la Corse. Leurs mœurs sont peu connues ; il est probable qu'elles ne diffèrent guère de celles de l'espèce précédente.

Les tritons, ou salamandres aquatiques, sont bien plus nombreux en espèces. La salamandre marbrée habite la France; quoique vivant habituellement dans l'eau, elle en sort assez souvent. La salamandre crêtée, contrairement aux caractères généraux, est un des plus jolis batraciens que possède l'Europe; elle habite les eaux vives et les fontaines; on la trouve dans les bassins, d'où elle ne paraît pas chercher à sortir; on peut la garder longtemps dans un bocal de verre, et c'est elle que l'on voit à Paris dans les devantures de quelques magasins. La France possède encore les salamandres ponctuée, abdominale, palmipède, à ceinture, etc. Enfin, Duméril, dans sa savante *Histoire naturelle des reptiles*, a décrit un assez grand nombre d'espèces étrangères.

Parmi ces dernières, la plus remarquable est sans contredit la salamandre géante (*Salamandra maxima* Schleg., *Tritomegas Sieboldii* Dum.), qui se trouve au Japon. Un individu conservé au musée de Leyde avait 1 mètre de longueur et pesait 9 kilogrammes. C'est un animal inerte et stupide, dont les mouvements sont très-lents, qui supporte assez bien les températures extrêmes, se tient habituellement au fond de l'eau, et ne vient à la surface que pour respirer. L'épiderme de cette espèce paraît se renouveler par lambeaux.

Les salamandres sont des animaux inoffensifs, sans venin, pouvant à peine mordre, et ne cherchant ja-

mais à le faire quand on les saisit. C'est donc à tort
que les gens de la campagne les redoutent et les regardent comme venimeuses. M. Charles Bonaparte
dit que les paysans de la Tarentaise craignent la salamandre tridactyle ou à lunettes, à laquelle ils attribuent la propriété de faire mourir les bestiaux qui
l'avaleraient avec leurs aliments. Il n'est pas, du
reste, de contes absurdes que l'on n'ait faits sur cet
animal. Laurenti rapporte que tous les signes mena-
çants que l'on peut faire à la salamandre ne l'empêchent point d'aller en avant et de continuer sa route,
mais qu'elle demeure immobile lorsqu'on la contourne en spirale.

On a raconté de prétendues histoires, dit Crespon, de personnes empoisonnées par du vin ou du
lait dans lesquelles une salamandre aurait séjourné.
On a avancé que sa morsure était mortelle autant
que celle de la vipère; on a dû, par conséquent,
chercher et prescrire des remèdes contre les effets
de son prétendu venin ; il était même passé en proverbe qu'un homme mordu par la salamandre a besoin d'autant de médecins que cet animal a de taches.
Son souffle, son regard même, d'après un préjugé
qui a cours encore dans nos campagnes, pouvait
occasionner la mort. Heureusement, ajoutait-on, le
crapaud livre bataille à la salamandre, parce qu'elle
est l'ennemie de l'homme.

On ne peut pourtant reprocher à ce reptile que
d'être désagréable à la vue, et de sécréter ce liquide

âcre et fétide qui peut tout au plus être funeste à de petits animaux. En effet, plusieurs grenouilles ayant été déposées dans un tonneau avec des salamandres terrestres, la plupart furent trouvées mortes au bout de huit jours. Ce fait donna lieu à Duméril de tenter quelques expériences.

De petits animaux, ayant reçu par inoculation le liquide sécrété par la salamandre, périrent tous au bout d'un temps plus ou moins long, mais qui ne dépassa pas une demi-heure. De petits mammifères, tels que des cabiais, manifestèrent d'assez vives souffrances; leur respiration devint haletante, puis ils cédèrent à une sorte de sommeil, interrompu par des secousses comme électriques; mais ces accidents ne furent pas mortels.

La sécrétion devient plus abondante quand la salamandre est irritée, ce qui a lieu surtout au contact du feu; de là le préjugé encore répandu, qu'elle peut vivre au milieu des flammes, et même les éteindre. On sait que François Ier avait pris pour armoiries une salamandre dans le feu, avec une devise qui signifiait : J'y vis et je l'éteins. On raconte aussi qu'un Espagnol comparait une dame, non moins cruelle que belle, à la salamandre, froide même au milieu des flammes. Il ne faut pas s'étonner que la salamandre soit devenue, de nos jours, l'emblème moins poétique d'une compagnie d'assurances contre l'incendie. Or, des expériences, qu'on aurait pu autrefois regarder comme puériles, mais qui aujourd'hui

9.

doivent être qualifiées de barbares, démontrent un fait qu'on pouvait prévoir *à priori*; c'est que la salamandre, mise dans le feu, peut bien, par sa sécrétion abondante, éteindre à la surface les charbons ardents, mais qu'elle ne tarde pas à succomber.

Si des personnes peu instruites croient encore que cet animal est incombustible, en revanche elles se refusent à croire qu'il peut vivre longtemps emprisonné dans la glace. Rien n'est pourtant plus vrai; on a trouvé des salamandres gelées au milieu de glaçons solides; leur corps était dur et rigide; mais en les déposant dans de la neige qu'on a fait fondre lentement, on a reconnu qu'elles revenaient à l'existence et pouvaient continuer à vivre. C'est un des êtres animés qui résistent le mieux aux effets de la congélation.

Une propriété non moins remarquable, constatée chez ces animaux par Spallanzani, c'est la faculté qu'ils possèdent de reproduire les diverses parties du corps qu'on leur coupe, avec les nerfs, les vaisseaux, les muscles et les os; on a retranché aux uns la queue, aux autres les pattes, même un œil en entier, et ces parties se sont reformées semblables à celles qu'elles remplaçaient, seulement en restant fort longtemps faibles et comme demi-transparentes. Duméril a conservé vivant, pendant quatre mois, un individu auquel il avait coupé la tête près du cou; la plaie s'était parfaitement cicatrisée. C'est chez les tritons que cette propriété a été le mieux constatée.

Les salamandres étaient autrefois employées en médecine : on répandait leur cendre sur les écrouelles ulcérées, pour les déterger et en faciliter la cicatrisation ; on les faisait aussi entrer dans les épilatoires. Une espèce est encore renommée aujourd'hui au Japon comme vermifuge ; une autre passe, chez les Chinois, pour guérir les plaies faites par les serpents. Il est à peine besoin de dire que toutes ces prétendues propriétés sont purement illusoires.

IX

LA PERCHE

Ce poisson, l'un des plus beaux et des meilleurs qui habitent nos eaux douces, était bien connu des anciens. Les Grecs et les Latins lui ont donné des noms, *perkè* et *perca*, dont la signification n'était pas précisée comme de nos jours, et s'appliquait même à des espèces marines. Aristote, Pline, Appien, Athénée en ont fait mention. Ausone, dans son poëme de *la Moselle*, vante la délicatesse de sa chair, qui fait, dit-il, les délices des tables et peut soutenir la comparaison avec celle des poissons de mer, même des rougets. Depuis cette époque, le sens du nom de la perche a été nettement défini, et le nom latin s'est même conservé, avec plus ou moins d'altération, dans la plupart des langues de l'Europe. Les naturalistes, d'après Linné, ont appelé ce poisson *Perca fluviatilis*.

La perche est d'une couleur d'un beau jaune doré,

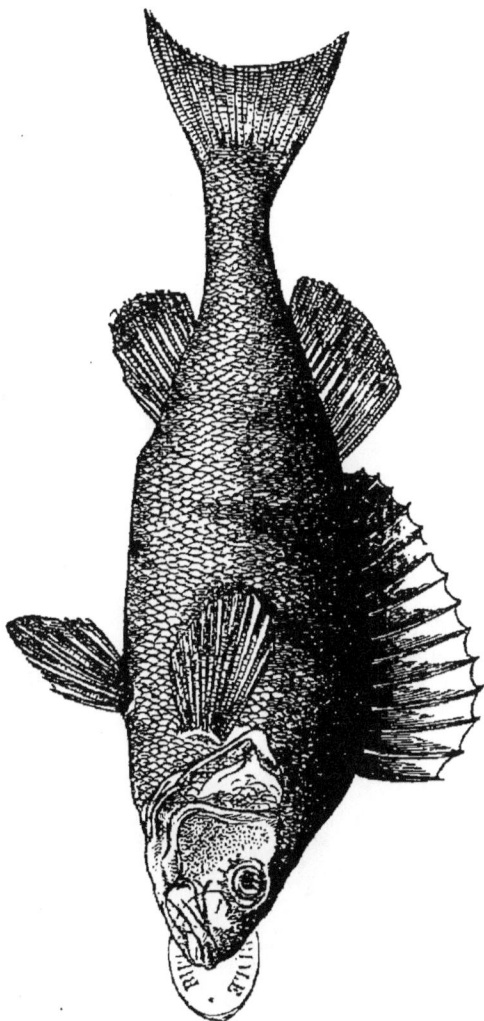

Fig. 9. — La Perche.

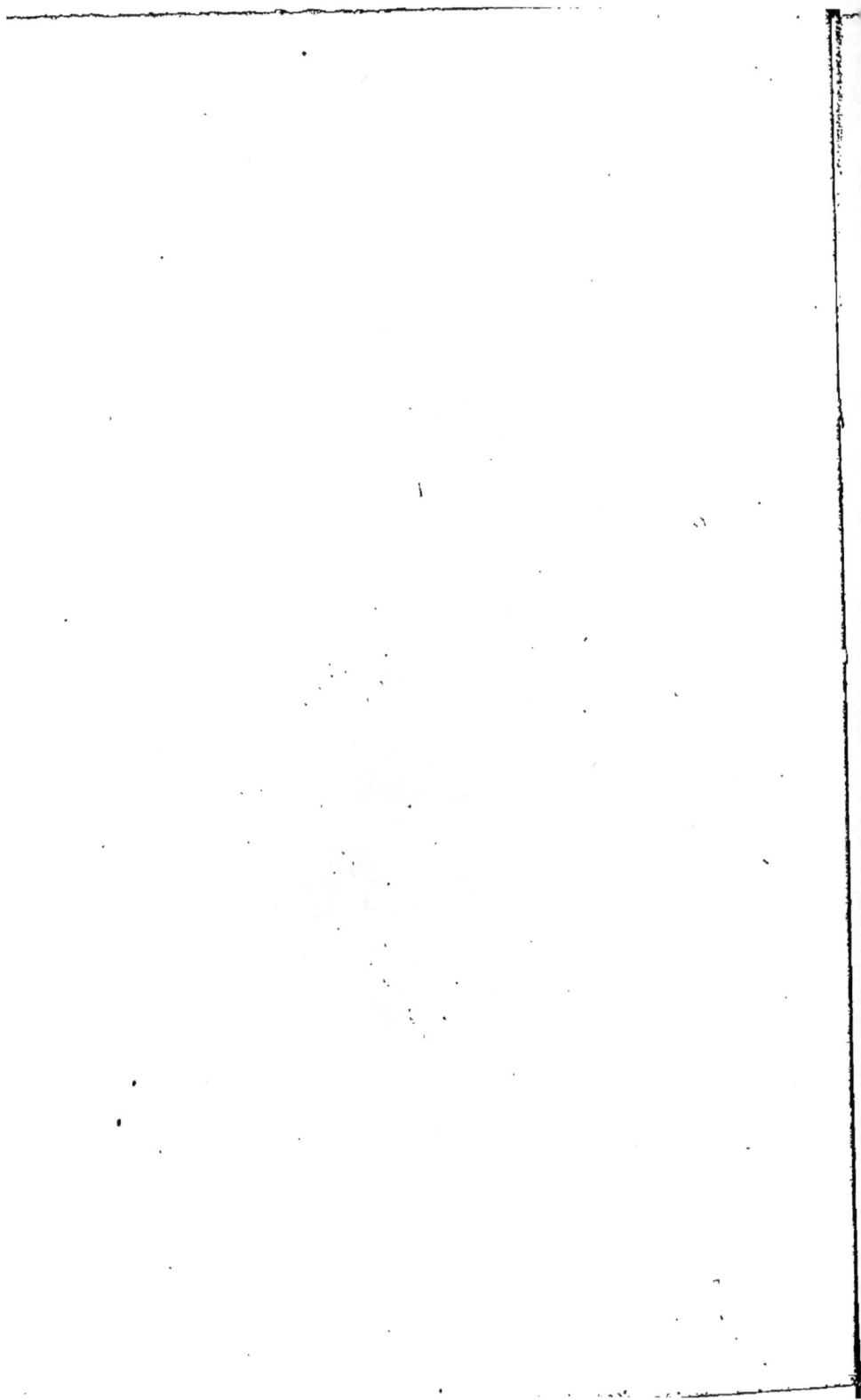

nuancé de vert; le dos est d'un vert brun, et les flancs présentent environ six larges bandes verticales noirâtres; les nageoires ventrales et anale sont rouges; les deux dorsales, violettes.

Tout le corps est couvert d'écailles dures et rudes au toucher. Sa longueur, de 0^m,34 en moyenne, arrive souvent jusqu'à 0^m,67. Il paraît, du reste, que ses dimensions sont ordinairement proportionnées à l'étendue des masses d'eau qu'habite la perche. On a remarqué aussi qu'elles augmentent à mesure que l'on s'avance vers le nord, au point que, d'après certains auteurs, on trouverait dans les lacs de Suède et de Laponie des perches qui auraient jusqu'à 1^m,38 de longueur. Cette dimension nous semble au moins exagérée, et on peut en dire autant du poids de 5 kilogrammes que ce poisson peut, dit-on atteindre. Ordinairement, les belles perches ne pèsent pas plus de 2 kilogrammes.

Dans les eaux stagnantes, dans celles où elle ne trouve pas une nourriture suffisante, la perche prend quelquefois une sorte de bosse qui la rend monstrueuse. Linné en a trouvé de telles en Suède, et Pennant dans le pays de Galles. Mais cette déformation, due probablement à la nature des eaux, ne saurait, comme le font justement observer Cuvier et M. Valenciennes, constituer une espèce particulière.

On trouve dans certains cantons de l'Italie une variété sans bandes, que les auteurs de l'*Histoire des poissons* ont érigée en espèce, sous le nom de *Perca*

Italica. M. Boitard l'a retrouvée dans les petits étangs du château de la cour Roland, près de Versailles. Savigny assure que c'est la seule variété que l'on voie en certaines saisons sur les marchés de Bologne. Du reste, l'une et l'autre de ces formes se trouvent communément dans toute l'Italie comme en France.

La perche commune est répandue dans toute l'Europe et une grande partie de l'Asie. Dans l'Amérique du Nord, elle est remplacée par des espèces tellement voisines, qu'on pourrait les prendre pour de simples variétés. Ce poisson vit dans les lacs, les rivières et les ruisseaux d'eau vive; il remonte plutôt vers les sources qu'il ne descend vers les embouchures. Il aime surtout les eaux profondes et pures; cependant il s'accommode assez bien des étangs les plus vaseux; mais il y prend des couleurs plus ternes et une qualité de chair inférieure; il paraît avoir une préférence marquée pour certains endroits, où on le prend plus fréquemment.

La perche ne se tient pas à une grande profondeur; en été, elle ne descend guère qu'à un mètre au plus au-dessous de la surface de l'eau, et, à l'époque du frai, elle paraît attirée surtout par les joncs et les roseaux; en hiver, elle descend davantage. Elle fuit généralement les eaux salées et même saumâtres; Pallas remarque cependant qu'au temps du frai, en février et mars, elle se tient volontiers dans un golfe de la mer Caspienne nommé le *golfe Amer,*

et y reste à trente verstes de l'embouchure du Terek,
et qu'elle évite de remonter dans ce fleuve, quoiqu'il
ne soit pas rapide et que l'on y voie des sandres et
plusieurs cyprins.

Ce poisson ne va pas, comme beaucoup d'autres,
en grandes troupes; même quand il est très-nombreux dans les eaux courantes ou dormantes, il vit
assez solitaire. Il nage avec une grande vitesse, et en
quelque sorte par saccades : on le voit rester souvent
presque immobile, puis se porter vivement à quelque
distance, pour reprendre son immobilité première.
Ce n'est guère que dans les temps chauds qu'il vient
à la surface de l'eau, et rarement il s'élance hors du
liquide.

On trouve quelquefois des individus dont les opercules, transparents et dépouillés d'épiderme, laissent voir les ouïes au travers; les pêcheurs de quelques pays les regardent comme les conducteurs des
grandes troupes de perches, et ils expliquent l'usure
de leur épiderme par le contact des corps étrangers
auquel ces individus sont plus exposés.

La perche se nourrit de jeunes grenouilles et de
salamandres, de petits poissons, d'insectes, de crustacés et de vers. Lacépède assure même qu'elle se
jette avidement sur de jeunes rats d'eau. Elle détruit
beaucoup de frai dans les étangs. « Mais cela ne doit
« pas, dit Bosc, empêcher d'y en mettre, car une
« trop grande quantité de ce frai affame les gros
« poissons, et nuit par conséquent à leur croissance;

10

α d'ailleurs, une carpe de l'année précédente est
« déjà hors de ses atteintes. »

Du reste, l'extrême voracité de ce poisson lui est
souvent funeste ; ainsi lorsqu'il cherche à avaler une
épinoche, celui-ci redresse ses épines et les enfonce
dans le palais ou dans le gosier de la perche, qui
paye de sa vie sa gloutonnerie.

La perche elle-même, dans sa jeunesse, est la
proie d'un grand nombre d'ennemis ; mais parvenue
à l'âge de deux ou trois ans, les épines de ses nageoires dorsale et anale lui fournissent un moyen
redoutable de défense contre les autres poissons,
même contre le brochet. Les oiseaux aquatiques,
canards, harles, plongeons, etc., la craignent moins,
et lui font une guerre très-active. A toutes les époques
de sa vie, elle est en proie aux ravages intérieurs de
plusieurs vers intestinaux.

C'est vers la troisième année qu'elle fraye, en
mars, avril et mai, du moins sous le climat de Paris.
Le moment du frai varie du reste ; il a lieu plus tôt
par une température élevée et dans une eau pro-
fonde, plus tard dans des circonstances contraires.
On a trouvé dans certaines femelles jusqu'à un mil-
lion d'œufs ; ceux-ci sont très-petits, et comparables
à des graines de pavot. Comment se fait-il qu'une
espèce aussi prolifique ne soit pas plus multipliée ?
Cela pourrait tenir, indépendamment des causes
générales de destruction qui atteignent les jeunes
poissons, à ce fait observé dans quelques localités,

aux environs de Paris, par exemple, que les mâles
sont beaucoup moins nombreux que les femelles :
c'est à peine, au dire des pêcheurs, si l'on en trouve
un sur cinquante ; dès lors tous les œufs ne peuvent
pas être fécondés. Toutefois, dans d'autres localités,
comme dans le lac de Harlem, les mâles paraissent
l'emporter en nombre.

C'est au bord des eaux calmes ou courantes, sur
les pierres, les végétaux, les racines, que les œufs
sont déposés. Aristote avait observé que la perche
dépose son frai, comme la grenouille, en longs cor-
dons, parmi les joncs et les herbes des lacs et des
étangs. Cet acte a été très-bien décrit par Cuvier et
par M. Valenciennes, dans les termes suivants :

« Lorsque le moment est venu de se défaire de
« ses œufs, la perche femelle se frotte contre des
« corps durs ; on dit même qu'elle sait faire entrer
« la pointe d'un jonc ou d'un roseau dans son ovi-
« ducte, et attirer ainsi une portion du fluide glai-
« reux qui enveloppe ses œufs. S'éloignant alors
« par des mouvements sinueux, elle file en quelque
« sorte ce fluide et l'allonge en un long cordon sem-
« blable à ceux des œufs de grenouille, et qui a
« quelquefois plus de six pieds, mais qui est replié
« sur lui-même en divers sens, de manière à for-
« mer des réseaux ou des pelotons. Quand on l'ob-
« serve à la loupe, on trouve toujours quatre à cinq
« œufs réunis par une pellicule, en une petite pelote
« sur laquelle s'appuie une autre pelote, de sorte

« que les œufs paraissent rapprochés dans des cel-
« lules carrées ou hexagonales. »

Si donc on avait soin de recueillir, à l'époque de
la ponte, dans les lieux où la perche fraye naturellement, tous les corps auxquels ses œufs sont fixés
ou suspendus, et que l'on placerait dans des circonstances propres à faciliter les éclosions, on aurait,
pour multiplier cette espèce, un moyen simple en
apparence, mais souvent insuffisant, et qui exigerait
d'ailleurs de longues et pénibles recherches. Pour
aider la nature, on pourrait supprimer la plupart de
ces corps, et n'en laisser subsister que là où on vou-
drait concentrer la récolte. Ainsi, dans les endroits
herbeux, on faucherait les plantes aquatiques pour
n'en laisser que quelques touffes; dans ceux qui
n'offrent que du sable, des graviers ou des pierres,
on établirait les frayères artificielles si bien décrites
par . M. Coste dans la deuxième édition de ses
Instructions pratiques sur la pisciculture.

« L'établissement de ces frayères, dit le savant
« professeur, est très-simple. Après avoir construit
« un cadre avec des lattes auxquelles on donne or-
« dinairement 1ᵐ,50 à 2 mètres de long, on fixe à
« ce cadre, parallèlement à l'un de ses côtés, et à
« des distances à peu près égales, cinq ou six autres
« lattes plus minces, auxquelles on attache, soit
« avec de l'osier, soit avec des liens d'une autre
« nature, des touffes de racines ou de plantes, des
« balais de bruyères ou de menu bois, que l'on place

« à côté les uns des autres, de manière à former de
« petits massifs. » Du reste, les dimensions, la
structure et la forme de ces frayères peuvent varier
beaucoup.

On peut encore employer, pour la multiplication
de cette espèce, les procédés d'éclosion artificielle,
en les modifiant un peu. Pour cela, pendant que
deux opérateurs expriment en même temps, dans
l'eau d'un vase, les œufs et la laitance, un troisième
promène doucement dans cette eau un bouquet de
brindilles de plantes aquatiques ou d'autres sub-
stances, auquel les œufs fécondés viennent s'atta-
cher.

On prend les perches à la ligne et dans toutes
sortes de filets, à l'épervier, au trémail, à la truble,
à la nasse, etc. C'est ordinairement en mai et juin
que l'on fait cette pêche.

La perche, dans la classification des pêcheurs,
est un poisson chasseur, qui, d'habitude, s'en va
chercher pâture entre deux eaux, et pour lequel, en
outre des appâts fournis par la nature, sont employés des appâts artificiels. Elle est si vorace et si
imprudente qu'on la prend facilement avec un ver
ou une patte d'écrevisse; et, comme elle vit à une
faible profondeur, il ne faut pas donner à la ligne
plus de 50 ou 70 centimètres de fond. On dit que
lorsqu'on la prend au filet, elle semble souvent
morte, et demeure sans mouvement, renversée sur
le dos; mais elle reprend bientôt son premier état.

10.

La perche a la vie fort dure ; on peut facilement
la transporter, dans de l'herbe fraîche, d'un étang à
un autre : on doit pour cela choisir, autant que possible, la fin de l'automne ou le commencement de
l'hiver. Pennant dit qu'on peut la transporter dans
de la paille à soixante milles, et qu'elle survit à ce
long voyage. On en apporte à Paris du fond du
Bourbonnais, c'est-à-dire de plus de soixante lieues,
mais dans des bateaux à réservoirs pleins d'eau et
par le canal de Briare.

La chair des perches est ferme, blanche, facile à
digérer et d'un goût exquis, lorsqu'elles ont vécu
dans les eaux des lacs et des grandes rivières. Les
lacs de la Suisse, dont l'eau est si limpide, en fournissent de très-estimées. Malgré la quantité d'arêtes
dont elle est remplie, elle est très-recherchée comme
aliment, et ne le cède guère qu'à la truite ; aussi les
pêcheurs de quelques localités lui ont-ils donné le
nom de *perdrix d'eau douce.*

Lorsqu'au contraire la perche a été pêchée dans
les rivières ou dans les étangs bourbeux, sa chair est
grise, molle et fade.

La laitance des perches constitue aussi un mets
fort délicat ; elle a fait la réputation et la richesse
du village de Lisse, situé sur les bords du lac de
Harlem.

Les Lapons préparent avec la peau de la perche
une colle de poisson que l'on dit très-solide ; pour
cela, ils la dépouillent de ses écailles par la macé-

ration ; puis ils la font cuire dans l'eau jusqu'à ce que celle-ci ait pris la consistance d'une gelée, après quoi ils la laissent refroidir.

Les petites perches sont quelquefois employées comme appât pour la pêche ; c'est un de ceux qui attirent le plus sûrement le brochet.

On trouve dans la tête de ce poisson, vers la partie postérieure du crâne, des concrétions calcaires connues sous le nom de *pierres de perches*, et qui ont eu autrefois une certaine réputation en médecine. Ces pierres, réduites en poudre fine ou porphyrisées, étaient employées comme dentifrices ou comme absorbants. On leur a même attribué la vertu de dissoudre les calculs, et quelques médecins les ont préconisées, à l'égal des mâchoires de brochet, contre la pleurésie. Il est à peine besoin de dire que le temps a fait justice de tous ces préjugés.

X

LES ÉPINOCHES

Parmi les poissons qui habitent nos eaux douces, il en est peu qui, par leur nombre, par la petitesse de leur taille, par la singularité de leur organisation et de leurs mœurs, par les dégâts qu'ils causent dans les étangs, se recommandent autant que les épinoches à l'attention du naturaliste et du pisciculteur. Ce genre, bien connu aujourd'hui, depuis les travaux de Cuvier et de M. Coste, renferme une vingtaine d'espèces, disséminées dans les diverses régions de l'Europe et de l'Asie, et dont quelques-unes habitent la France. Ces espèces ont pour caractères communs un corps oblong, des joues cuirassées, une tête sans épines ni tubercules, une bouche (*bec*) dépourvue de lèvres, une tache ronde et argentée entre l'ouïe et la nageoire pectorale. Mais ce qui les distingue surtout, c'est que leurs nageoires dorsales ou ventrales se réduisent à des épines libres ou iso-

Fig. 10. — L'Épinoche et son nid.

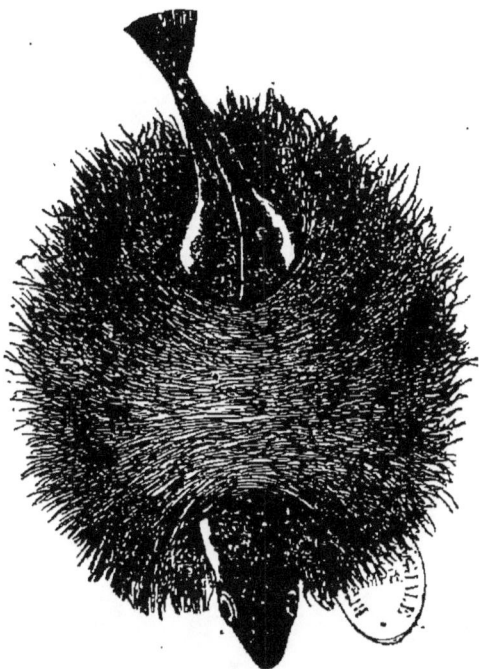

lées ; de là les noms vulgaires que ce genre a reçus
dans presque toutes les langues. Le nom scientifique
Gasterosteus, créé par Artedi et conservé par Linné,
Cuvier et les autres naturalistes, rappelle la cuirasse
osseuse qui garnit le dessous du ventre ; cette cuirasse est formée par les os du bassin et une partie de
ceux de l'épaule, os qui sont plus grands, plus épais
et moins cachés par les téguments que chez la plupart des autres poissons. L'épinochette est devenue
aujourd'hui le type du nouveau genre *Pungitius* ;
mais comme son organisation et ses mœurs ne présentent pas de grandes différences, nous réunirons
son histoire à celle des épinoches ; il en sera de
même du gastré, qui devrait peut-être aussi former
un genre particulier.

Ces poissons sont les plus petits de ceux qui habitent nos eaux douces, on pourrait presque dire de
tous les poissons connus ; on en trouve dans les plus
faibles ruisseaux, dans les mares les plus exiguës ;
plusieurs descendent le cours des fleuves, et quelques-uns même habitent les eaux salées.

L'espèce la plus commune en France, et particulièrement aux environs de Paris, est l'épinoche
aiguillonnée (*Gasterosteus aculeatus* L.). Cette espèce, dont la taille ne dépasse guère 5 centimètres,
a trois épines sur le dos ; le dessus du corps est d'un
brun olivâtre ; le dessous de la bouche, d'un blanc
argenté, ainsi que le ventre, autour duquel se des-
sine une bande bleuâtre ; cette dernière couleur se

montre aussi au bout de la queue. On remarque ordinairement, près des ouïes, une teinte rose, à
l'époque du frai.

Cuvier trouve dans cette espèce deux types bien
distincts, dont il a fait deux espèces, l'épinoche à
queue lisse (*G. leiurus*) et l'épinoche à queue rude
(*G. trachurus*). L'épinoche demi-armée (*G. semi-ar-
matus*) et l'épinoche demi-cuirassée (*G. semiloricatus*)
sont des espèces tellement voisines que le savant
ichthyologiste serait porté à les regarder comme de
simples variétés. Peut-être faudrait-il en dire autant
des deux espèces que Crespon a découvertes aux
environs de Nîmes, et qu'il a appelées épinoche à
quatre épines (*G. quadrispinosus*) et épinoche à deux
épines (*G. Nemausensis*). Mais comme les différences
que présentent ces divers types ont été peu remar-
quées, il est difficile de discerner dans leur histoire
ce qui appartient en propre à l'un ou à l'autre.

L'épinoche est très-commune dans toutes les eaux
de l'Europe ; le moindre petit fossé où coule un peu
d'eau lui suffit. Dans les marais du comté de Lincoln, d'après Pennant, ces petits poissons abondent
plus que partout ailleurs. Ils s'y montrent quelquefois en nombre si prodigieux qu'on les puise en
quelque sorte comme l'eau elle-même, et qu'un seul
pêcheur en a recueilli, en un jour, une centaine de
boisseaux. Les épinoches sont aussi très-répandues
dans les mers du Nord, et Schonevelde dit que sur
les bords de la Baltique les pêcheurs en trouvent

quelquefois plusieurs tonnes dans leurs filets ; mais il est probable que celles-ci appartiennent à une espèce particulière, l'épinoche à queue rude, ou peut-être l'épinoche demi-cuirassée, qui habite le plus fréquemment les bords de la mer, et peut entrer dans l'eau salée. Pour expliquer ces faits, on a supposé que des inondations successives peuvent enlever des marais toutes les épinoches, pour les accumuler dans des cavités souterraines, d'où elles sortent ensuite en masse. N'est-il pas plus simple d'admettre avec Cuvier que, dans certaines contrées, les circonstances sont particulièrement favorables à leur multiplication ?

M. Coste a donné, d'ailleurs, l'explication la plus naturelle de cette prodigieuse multiplication dans son beau travail sur la nidification des épinoches, qui a été le point de départ de ses travaux sur la pisciculture. Nous en ferons connaître ici les points les plus importants ; ceux de nos lecteurs qui désireraient de plus amples détails pourront consulter ce mémoire, inséré dans les publications de l'Académie des sciences et dans la première édition des *Instructions pratiques sur la pisciculture.*

On avait déjà remarqué que l'épinoche va chercher au loin des brins d'herbe ou des débris végétaux, les apporte dans sa gueule, les dépose sur la vase, les y fixe à coups de tête, et veille avec la plus grande attention à ses travaux. Valmont de Bomare, qui rapporte ces faits comme des *on dit,* ajoute que

11

si d'autres épinoches s'approchent de cet endroit, bientôt elle leur donne la chasse et les poursuit au loin avec une vivacité étonnante. Mais il se demande si c'est là un nid ou un magasin de vivres.

C'est cette question que M. Coste a résolue. Le petit édifice que l'épinoche construit avec tant de soins est bien un nid ; quand le mâle, seul chargé de sa construction, a terminé son œuvre, celle-ci forme une voûte arrondie, d'un décimètre environ de diamètre, percée tantôt d'une seule entrée, tantôt de deux ouvertures diamétralement opposées. Le nid des épinoches est ainsi établi sur le sol et à découvert ; les épinochettes, au contraire, cachent le leur avec soin et le fixent toujours aux tiges ou aux feuilles des plantes aquatiques.

Dès que le nid est en état de recevoir les œufs, le mâle choisit la femelle qui est disposée à pondre, et qui se reconnaît aux riches couleurs dont elle est parée à l'époque des amours. Quand il voit que la femelle est prête à le suivre, il se précipite vers le nid comme pour lui indiquer le chemin, plonge sa tête dans l'ouverture, qu'il élargit vivement pour lui en faciliter l'entrée, puis il lui cède la place. La femelle y reste deux ou trois minutes à pondre les œufs (*V.* la gravure), puis elle sort, pâle et décolorée, par l'extrémité opposée, en y pratiquant, au besoin, une ouverture. Le mâle y rentre après elle, glisse sur les œufs en frétillant, les féconde, et sort presque aussitôt pour réparer les avaries qu'a pu subir sa

demeure. Le même mâle réitère cette opération avec
plusieurs femelles, et souvent plusieurs fois avec la
même ; il finit ainsi par avoir dans son nid un mil-
lier d'œufs et quelquefois bien davantage. Il s'en
fait alors le gardien fidèle et courageux, et souvent
il a de rudes combats à soutenir contre les autres
épinoches qui cherchent à envahir le nid pour le
livrer au pillage et satisfaire sur les œufs leur ap-
pétit féroce. Quand il ne peut pas repousser ces
attaques par la force, il a recours à la ruse, et ce
moyen lui réussit souvent.

Les petits éclosent au bout de dix à douze jours ;
mais c'est un mois seulement après la ponte que le
père n'a plus à s'occuper d'eux, et qu'il les aban-
donne pour aller reprendre ses habitudes au milieu
des autres épinoches.

M. Coste fait remarquer que les épinoches et les
épinochettes femelles font plusieurs pontes dans la
même saison et à très-peu d'intervalle l'une de
l'autre ; leur fécondité est donc bien plus grande
qu'on ne l'a dit jusqu'ici. D'un autre côté, leurs
nids sont très-nombreux, et on en trouve depuis
mars jusqu'en août. Ces deux faits rapprochés expliquent, dit-il, la multiplication inouïe de ces poissons.

L'épinoche adulte se défend d'ailleurs très-bien,
grâce à son armure, contre ses ennemis. Les autres
poissons l'attaquent peu, et, vu son peu de valeur
alimentaire, l'homme ne cherche pas à la prendre.

Si elle a des ennemis redoutables, c'est chez des animaux d'un ordre inférieur. L'un est le *binocle du gastérostée*, petit crustacé qui s'attache à sa peau et lui suce le sang; l'autre est le *botryocéphale solide*, qui, remplissant quelquefois presque tout l'abdomen, comprime les intestins et les réduit à un fort petit espace. Cuvier dit encore que ce poisson peut subsister assez longtemps hors de l'eau, surtout quand il tombe dans l'herbe humide. Il n'est pas bien démontré, malgré l'assertion de Bloch, qu'il ne vive que trois ans.

L'épinoche est un animal très-agile, vif dans ses mouvements et très-actif. Il saute verticalement à plus d'un pied hors de l'eau, et obliquement plus loin encore, lorsqu'il veut franchir des obstacles. Il est d'ailleurs si peu farouche qu'il vient jusque sur les pieds des baigneurs. On dit qu'il aime le soleil. Il se tient souvent sous les plantes aquatiques, et se nourrit d'annélides ou d'autres petits animaux qui servent d'appât pour le prendre. Sa voracité est étonnante. Backer a vu une épinoche dévorer en cinq heures soixante-quatorze vandoises naissantes; car c'est surtout aux jeunes poissons qu'elle s'attaque. Aussi est-ce l'animal le plus nuisible au peuplement des étangs et des rivières, et malheureusement il est très-difficile de l'en extirper.

La petitesse de ce poisson, ses épines, la dureté de son enveloppe écailleuse, font qu'il est peu recherché comme aliment. Dans le Midi, on lui donne les noms vulgaires d'*étrangle-chat* et *crève-valet*. Cependant Belon et Rondelet en parlent comme d'un objet de commerce sous ce rapport. On en prend assez, disent-ils, dans le Nar (un des affluents du Tibre) pour en porter aux marchés de Narni et des villes voisines. Cuvier, qui cite ce fait, pense qu'il s'agit peut-être ici d'autres espèces. Le passage de Rondelet semble se rapporter plus particulièrement à l'épinochette.

Dans les pays où les épinoches sont abondantes, comme dans le comté de Lincoln, on en pêche quelquefois de telles quantités qu'on les répand comme engrais sur les terres. Klein nous apprend qu'en Prusse on en extrait, par la cuisson, une huile épaisse.

Théophraste parle d'un petit poisson d'eau douce qui se trouve aux environs d'Héraclée, et qu'il dit naître spontanément de la vase corrompue. Il l'appelle *Centriscus*, et, d'après la description qu'il en fait, il est probable qu'il s'agit d'une espèce d'épinoche.

L'épinoche porte-obole (*Gasterosteus obolarius*) tire son nom de la tache ronde et argentée que nous avons vue exister dans toutes les espèces du genre, mais qui dans celle-ci est beaucoup plus développée et ressemble à une pièce de monnaie. Elle se trouve au Kamtschatka, et remonte les rivières en quantités innombrables; on en fait un bouillon assez bon; mais la majeure partie est mise à sécher au soleil,

11.

et, comme elle se conserve ensuite sans se corrompre, elle sert pendant l'hiver à la nourriture des chiens.

L'épinochette (*G. pungitius* L.) est, d'après Cuvier, d'un tiers plus petite que l'épinoche, et pèse à peine 15 grammes. Elle est beaucoup plus abondante dans la Seine que l'épinoche, qui paraît préférer les pièces d'eau d'une moindre étendue. Elle fraye en mai et juin, et descend aussi à la mer. C'est le plus petit poisson de nos côtes après l'*Athérine naine* de Risso ; encore même celle-ci n'est-elle probablement que le jeune âge d'une autre espèce. L'épinochette est encore un des fléaux de nos étangs, par la destruction qu'elle fait des jeunes poissons.

Le gastré (*G. spinachia* L.) se trouve sur les côtes de l'Océan et de la Manche, mais surtout dans les mers du Nord. Il ne remonte pas les rivières. Les noms qu'on lui donne à Helgoland et dans le golfe de Kiel signifient *rampant à terre* et *mordeur de pierres*. On le pêche en grand nombre, en l'attirant au moyen de feux allumés. Il paraît peu susceptible de servir à l'alimentation ; cependant Bloch assure que les pauvres gens le mangent quelquefois. On en extrait de l'huile, et on l'emploie comme engrais.

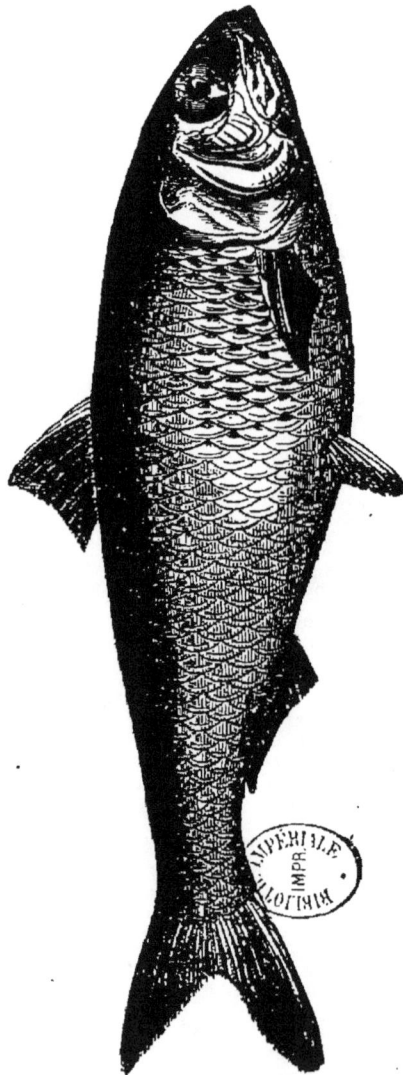

Fig. 11. L'Alose.

XI

L'ALOSE

Parmi les poissons migrateurs qui vivent alterna-
tivement dans les eaux salées et les eaux douces,
l'alose, par ses dimensions, par la délicatesse de sa
chair, par l'importance de sa pêche, mérite d'occuper un rang distingué. Ce poisson appartient au
genre *Clupea*, qui renferme aussi les harengs, les
anchois, les sardines, etc. C'est le *Clupea alosa* de
Linné. C'est dans le poëme d'Ausone sur la Moselle
que se trouve pour la première fois le nom d'*alausa*,
origine du nom actuel.

La taille de l'alose varie de 50 centimètres à
1 mètre. Sa tête, large et veinée, est d'une grosseur
médiocre, comparée à celle du corps. Elle présente
des yeux assez grands, couverts de membranes lâches
s'étendant jusqu'aux iris, qui sont argentés, avec
une teinte bleuâtre et quelquefois rouge pourpre.
La gueule s'ouvre largement et laisse voir une lan-

gue petite, pointue et noirâtre. La mâchoire supérieure, fendue à l'extrémité, est garnie sur les bords
de dents si petites qu'on pourrait presque dire
qu'elles n'existent pas. La mâchoire inférieure, plus
longue, est privée de dents. Près des ouïes, qui
sont au nombre de quatre et garnies de membranes
à huit rayons, se trouve une très-grande tache noire
arrondie, accompagnée d'autres taches plus petites.
Les opercules sont d'un jaune éclatant qui passe
quelquefois au rouge faible.

Le corps est couvert d'écailles grandes et comme
piquetées de noir, surtout vers les bords. Le dos,
large, épais et arrondi, est d'un vert jaunâtre quelquefois très-foncé, au point de passer au noirâtre.
Les côtés ont un éclat argenté. De petites taches
noires surmontent la ligne latérale, qui se compose
d'environ quarante écailles terminées en pointe. Le
ventre a également un éclat argentin; il est mince
et tranchant, et se termine en forme de carène. Les
nageoires, formées de rayons assez mous, sont petites relativement à la taille de l'animal, surtout la
dorsale et les pectorales; les ventrales sont situées
sous l'abdomen; la nageoire anale est assez longue;
enfin, celle qui forme la queue est profondément
échancrée et comme fourchue.

Par sa forme extérieure, l'alose ressemble assez
au saumon.

Ce poisson se trouve dans les mers d'Europe; au
printemps, il se rapproche des côtes et surtout de

l'embouchure des fleuves, précédé ordinairement, dit-on, par les petits maquereaux qu'on appelle *ro-bleaux* ou *sansonnets*. C'est surtout à la fin d'avril et dans le courant de mai qu'il remonte les grands cours d'eau ; aussi l'appelle-t-on *may fisch* (poisson de mai) sur quelques points du littoral de l'Allemagne. L'alose, qui dans la mer est presque solitaire ou va par petites troupes, remonte au contraire les rivières en bandes nombreuses ; elle nage à fleur d'eau, en montrant ses nageoires dorsales. On assure qu'elle suit quelquefois jusqu'à trois cents lieues de la mer les bateaux chargés de sel. On a remarqué qu'elle se trouve rarement dans les petits affluents des fleuves : ainsi, quoiqu'elle soit très-abondante dans la Loire, et même dans la Mayenne, la Vienne, le Cher, etc., on n'en prend presque pas dans le Loiret. L'alose, en effet, ne peut, comme les saumons et les truites, franchir les grandes chutes d'eau : aussi évite-t-elle les ruisseaux dont le cours est rapide et torrentueux, pour se tenir de préférence dans les grands fleuves, qui ont un cours plus paisible et plus uniforme. On vend sur les marchés, sous le nom de *feinte*, un poisson dont la bouche est garnie de petites dents, et dont la chair est moins délicate. Est-ce une espèce distincte, ou une simple variété d'âge ? C'est un point sur lequel les naturalistes et les pêcheurs ne sont pas d'accord.

L'alose fraye en avril et mai dans les eaux rapides, sur les fonds sablonneux. « A cette époque, dit

« M. Valenciennes, les poissons ont les laitances ou
« les ovaires remplis, et le ventre est tellement dis-
« tendu que la hauteur du corps fait près du quart
« de la longueur totale. Quand elles ont frayé, les
« aloses deviennent comme malades ; elles mai-
« grissent considérablement, et ont si peu de force
« qu'elles se laissent aller au fil de l'eau qui les
« rapporte vers la mer. Un petit nombre peuvent y
« arriver, les autres mourant en route. Les petites
« aloses nées dans les eaux douces y croissent jus-
« qu'à la taille d'un décimètre. Parvenues à cette
« force, on les voit toutes descendre le fleuve et
« gagner la mer, vers le mois d'août. Les petits y
« restent, pour s'y développer, jusqu'à ce qu'ils
« aient atteint la taille de 3 décimètres environ ;
« alors les aloses deviennent aptes à reproduire leur
« espèce, et, dès le printemps, les deux sexes re-
« montent les fleuves. »

Ce poisson paraît, du reste, s'accommoder également de toutes les eaux, claires ou troubles, vives
ou dormantes ; mais la nature de l'eau influe beaucoup sur la qualité de sa chair.

Une espèce qui remonte les fleuves en troupes si
nombreuses doit nécessairement donner lieu à des
pêches abondantes ; Rondelet assure en avoir vu
prendre dans l'Allier plus de douze cents d'un seul
coup de filet. On se sert, pour cette pêche, du *tra-
mail*, sorte de grande nappe tendue dans le sens
transversal au courant ; la secousse donnée au filet

par le poisson qui s'y engage se communique à la main du pêcheur par une ficelle dont celui-ci tient l'extrémité, et qui l'avertit ainsi de sa capture.

L'alose meurt presque aussitôt qu'on la retire de l'eau. La chair de celles qu'on pêche au printemps, au moment où elles gagnent les fleuves, est sèche, de mauvais goût, remplie de petites arêtes très-fines, qui avaient fait donner à l'alose, par les Grecs, le nom de *thrissa*, chevelue. Celles qu'on prend à l'embouchure de la Loire sont peu estimées ; néanmoins, comme les premières aloses arrivent en carême, et que, d'ailleurs, la nouveauté et la rareté augmentent le prix de toutes choses, il arrive que ces aloses de primeur sont plus chères que les autres ; aussi dit-on proverbialement : « Jamais riche n'a mangé bonne alose, ni pauvre bonne lamproie. »

Mais lorsque ce poisson a vécu quelque temps dans les eaux douces, qu'il y est engraissé et devenu charnu, il constitue un mets excellent, et se sert sur les tables les plus recherchées. C'est pour cette raison qu'on estime beaucoup, au Havre, les aloses qui viennent de Caudebec, et sur les bords de la Loire, celles qu'on prend vers Angers, Tours et même plus haut. On en pêche quelquefois d'excellentes dans la Seine, au-dessus de Paris. L'alose est alors très-abondante et à la portée de toutes les bourses ; de là cet autre proverbe, plus vrai que le précédent : « Qu'il faut manger les aloses avec les pauvres. »

12

Toutefois, vers la fin de la saison, quand les chaleurs surviennent et que les eaux sont basses, l'alose devient comme malade ; sa chair est mollasse et peu appétissante.

On a fait beaucoup de contes sur cet animal. On dit qu'en remontant les fleuves, il fait entendre un grognement sourd, qui ferait croire au passage d'un troupeau de pourceaux. Rondelet dit avoir vu des aloses sensibles à l'harmonie, surtout pendant la nuit; elles accouraient au son du violon, et sautaient en nageant sur la surface de l'eau. Elle craint tellement, dit-on, le bruit du tonnerre, qu'elle en périt quelquefois de frayeur. Le fait est qu'elle s'enfonce alors dans les profondeurs de l'eau.

Dans l'antiquité et le moyen âge, la pêche de l'alose avait une grande importance dans plusieurs pays, notamment en Espagne. Les habitants de la région arrosée par le Bétis avaient ce poisson en haute estime, et la nourriture qu'il leur procurait excitait leur industrie. Plusieurs villes situées sur les bords de ce fleuve, Caura, Illipa, Aria, Nema, etc., auxquelles on peut ajouter Epora, au-dessus de Cordoue, avaient une alose sur leurs médailles. Cette pêche est encore assez importante, mais bien moins qu'autrefois, sur le Rhin, dans les lieux où les îles et les bords sont boisés, et où ce poisson trouve des conditions qui lui plaisent.

On a cherché, dans ces derniers temps, à propager l'alose dans la Seine, où elle est peu abondante;

on a employé, pour cela, la fécondation artificielle ; les œufs fécondés se transportent très-facilement dans des boîtes ou des tamis remplis de mousse, de plantes aquatiques, ou bien encore munis de linges humides.

Lorsqu'on voudra propager l'alose dans des cours d'eau rapides ou torrentueux, il conviendra d'établir, de distance en distance, des plans inclinés destinés à faciliter la remonte. Les barrages établis sur les rivières l'empêchent, le plus souvent, de remonter jusqu'aux endroits où elle trouverait des conditions convenables pour y déposer ses œufs.

La ressemblance de l'alose avec le hareng, et la dimension qu'elle peut acquérir, lui ont fait donner, dans quelques localités, le nom de *mère* ou de *roi des harengs.*

XII

LES GALLINSECTES

COCHENILLES ET KERMÈS

Le groupe d'hémiptères auquel les entomologistes ont donné le nom de *Gallinsectes* est un sujet d'étude des plus intéressants ; l'organisation et les mœurs de ces animaux présentent des particularités remarquables. Plusieurs d'entre eux donnent un produit précieux. Le plus grand nombre exercent une action nuisible sur les végétaux auxquels ils s'attaquent. Aussi depuis longtemps a-t-on cherché les moyens de propager les espèces utiles et de s'opposer aux dégâts considérables produits par les autres.

Les femelles, à l'époque de la ponte, se fixent le plus souvent aux végétaux ; leurs corps devient alors très-gros et semblable à une galle, tout en conservant, au moins pour la plupart, les traces des segments. Ajoutons, pour caractériser ces insectes, qu'ils ont aux tarses un seul article, terminé par un crochet; des antennes filiformes ou sétacées (en forme de soie), ordinairement composées de onze articles. Les mâles ont l'abdomen terminé par deux soies; ils sont privés de bec, et portent deux ailes qui se recouvrent horizontalement sur le corps. Les femelles, privées d'ailes, ont un bec ou trompe qui leur sert à sucer la séve des végétaux. Voici comment le savant Latreille décrit leur singulière multiplication :

« Si on observe les femelles au printemps, on voit « que leur corps acquiert peu à peu un grand vo- « lume, et qu'il finit par ressembler à une galle, « tantôt sphérique, tantôt en forme de rein, de ba- « teau, etc. La peau des unes est unie et très-lisse, « celle des autres offre des incisions ou des vestiges « de segments : c'est dans cet état que les femelles « s'accouplent, et qu'elles pondent bientôt après « leurs œufs, dont le nombre est très-considérable. « Elles les font passer entre la peau du ventre et « un duvet cotonneux qui revêt intérieurement la « place qu'elles occupent. Leur corps se dessèche « ensuite et devient une coque solide qui recouvre « ces œufs. D'autres femelles les enveloppent d'une « matière cotonneuse et très-abondante qui les ga- « rantit. Celles qui sont sphériques leur forment, « de leur corps, une sorte de boîte. »

Cette famille se réduit presque au seul genre cochenille (*Coccus*), divisé en deux sections, les cochenilles proprement dites et les kermès:

12,

Toutes les espèces ont à peu près les mêmes
mœurs, et ce que l'on dit de l'une peut s'appliquer
à beaucoup d'autres. Elles nuisent beaucoup aux
plantes, à tel point que M. Robouam et d'autres
observateurs leur attribuent le plus grand nombre
des maladies végétales. Elles attaquent surtout les
végétaux renfermés dans des milieux peu aérés et
d'une température élevée, comme les serres chaudes.
Mais elles infestent aussi beaucoup de plantes sauvages ou cultivées à l'air libre. Quelques-uns de ces
végétaux, comme la vigne, s'en débarrassent parce
que leur écorce se détache naturellement; mais les
autres ne peuvent en être délivrés qu'en détruisant
les insectes par le frottement. La récolte de ces insectes, loin d'être toujours une opération dispen-
dieuse, est quelquefois très-lucrative, à cause de la
matière tinctoriale que quelques-uns renferment en
grande abondance.

Telle est surtout la cochenille du nopal (*Coccus
Cacti* Lat.). Dans cette espèce, le mâle est d'un
rouge foncé : ses ailes sont grandes et blanches, et
son abdomen se termine par deux soies assez longues. La femelle est d'un brun foncé, couverte de
poussière blanche, plate en dessous, convexe en
dessus; son corps est bordé, présente des segments
assez prononcés et des pattes courtes. Elle se trouve
au Mexique, dans l'Amérique du Sud et dans les îles
voisines; on l'a naturalisée aux Antilles, en Algérie
et dans d'autres régions. C'est l'espèce qui fournit la

plus belle matière tinctoriale : aussi est-elle la plus généralement cultivée.

Cette cochenille vit sur plusieurs espèces du genre *Cactus*, souvent appelé nopal. Elle prospère mieux sur les espèces à épiderme ou parenchyme fin, tendre, à feuilles très-charnues, juteuses et peu épineuses. Aussi le *Cactus coccinillifer* lui convient-il beaucoup moins que les *Cactus funa* et *moniliformis*, cultivés en grand aux Canaries.

Les nopaleries s'établissent en général sur un terrain meuble, d'un bon fonds : on les propage par boutures faites avec les rameaux aplatis ou *raquettes* des cactus. Les arrosements ne sont nécessaires que dans les terres sèches et sablonneuses. Une plantation bien entretenue peut durer environ huit ou dix ans ; on taille les nopals à la fin de chaque automne, en supprimant toutes les raquettes épuisées par les cochenilles.

Pour propager l'insecte, on prend des femelles fécondées, que l'on reconnaît à leur plus gros volume, à leur forme arrondie et à leur corps presque lisse ; on les met dans des sortes de petits cocons faits en filasse ou en coton, et on les suspend aux bouquets d'épines des nopals. Elles pondent peu de temps après. Les œufs, qui sont en nombre considérable, éclosent, et les larves se répandent sur toutes les parties de la plante : aussi doit-on avoir soin, lors de la récolte, de réserver un nombre de cochenilles mères suffisant pour ensemencer la no—

palerie. Les cochenilles demandent des soins assi-
dus, depuis leur naissance jusqu'à la cueillette.
Elles sont exposées aux ravages des rats, des poules,
des lézards et de quelques autres reptiles, des fourmis, des araignées qui nuisent en étendant leurs
toiles ; les moyens de préservation et de destruction
de ces ennemis sont simples, et ne demandent qu'à
être appliqués avec soin et persévérance : des clôtures
convenables, des piéges, des appâts empoisonnés, la
destruction fréquente des toiles d'araignée, un cercle
d'huile de ricin ou de poisson au pied de chaque
nopal pour éloigner les fourmis, tels sont les moyens
à employer.

Pour récolter les cochenilles, on passe la lame
émoussée d'un couteau sur les raquettes ; on les fait
périr en les plongeant dans l'eau bouillante, ou en
les exposant à la chaleur d'une forte étuve.

« La cochenille, dit Richard, telle qu'elle se
« trouve dans le commerce, est sous la forme de
« petits grains irréguliers, constituant trois sortes
« ou variétés. L'une, désignée sous le nom de *coche-*
« *nille jaspée* ou *mestèque*, est mélangée de grains
« rougeâtres glauques et quelquefois bruns. C'est la
« plus estimée, et celle qu'on a fait sécher à l'étuve.
« L'autre, ou *cochenille noire*, se compose de grains
« plus noirs et plus gros ; elle a été passée à l'eau
« bouillante. Elle est moins estimée que la précé-
« dente. Enfin on désigne sous le nom de *cochenille*
« *sylvestre* celle que l'on a recueillie sans culture

« préalable. Elle est beaucoup plus mélangée et
« moins recherchée..... La *carmine* paraît être le
« principe colorant de la cochenille à son état de
« pureté. Elle est solide, d'un rouge pourpre, so-
« luble dans l'eau et dans l'alcool, insoluble dans
« l'éther, inaltérable à l'air, pouvant se fondre à
« une chaleur de 50 degrés centigrades. »

La nature de la cochenille a été longtemps mé-
connue ; car on prenait cette substance pour un petit
fruit pulpeux. Plumier paraît avoir reconnu le premier que c'était un véritable insecte. On l'emploie
beaucoup dans l'art de la teinture ; c'est avec elle
qu'on prépare le carmin. On s'en sert en pharmacie
pour colorer en rouge certaines préparations.

On a vainement essayé de naturaliser cet insecte
en Corse ; on a été plus heureux en Algérie et aux
environs de Malaga.

M. Guérin-Méneville a découvert récemment une
nouvelle espèce de cochenille, qui vit sur la fève, et
à laquelle il a donné le nom de *Coccus Fabœ*. D'après
les essais faits par M. Chevreul sur sa richesse en
matière colorante, cette cochenille donne une couleur écarlate rompuc et d'un ton particulier, appar-
tenant à un numéro de son échelle des couleurs qui
n'avait été obtenu jusqu'ici qu'à l'aide de combinai-
sons artificielles. Cette cochenille, presque aussi
grosse que celle du nopal, se trouve encore sur le
chardon, le sainfoin et diverses autres plantes sauvages ou cultivées.

La cochenille ou kermès de Pologne (*Coccus Polonicus* L.; *Kermes Polonicus* Latr.) est d'une forme ovoïde et d'une couleur brun rougeâtre; elle vit sur la racine de plusieurs végétaux, mais surtout de la gnavelle (*Scleranthus perennis* L.), petite plante fort commune dans les terres sablonneuses. Le principe colorant de cette cochenille est presque aussi beau et donne les mêmes teintes que celui de la cochenille du nopal. Avant l'introduction de cette dernière, elle formait une branche considérable de commerce en Pologne, où elle est très-abondante. On la trouve aussi en France, en Allemagne, en Russie, mais on ne l'emploie guère plus que dans ces dernières contrées. C'est à la fin de juin qu'on la récolte; pour cela, on soulève d'une main la plante hors de terre, de l'autre on en détache les *coccus*, puis on la remet avec précaution dans le même trou. On sépare ensuite, au moyen d'un tamis, l'insecte des matières terreuses; on l'arrose avec du vinaigre ou de l'eau très-froide, et on le porte au soleil ou dans un endroit chaud, pour le faire mourir et dessécher lentement.

La cochenille du chêne vert, plus connue sous le nom de kermès (*Coccus Ilicis* L.; *Kermes Ilicis* Latr.), est plus grosse que celle du nopal; elle est d'une forme globuleuse, de la grosseur d'un pois, d'une couleur pourpre tirant sur le noir, luisante et couverte d'une poussière blanchâtre peu abondante. Elle vit sur une espèce de chêne nain à feuilles persistantes, appelée chêne au kermès (*Quercus Coc-cifera* L.), et qui se trouve très-communément dans les lieux incultes du midi de la France et de l'Europe. On la recueille au moment où elle se dispose à pondre ses œufs, après s'être enveloppée de filaments légers, qui lui forment une sorte de coque. Le feuillage touffu et épineux du chêne au kermès rend cette récolte pénible et contribue à rehausser le prix de cette substance, qui a d'ailleurs aussi été détrônée par la cochenille du nopal ; son principe colorant est moins brillant, mais plus fixe que celui de cette dernière. On la trouve néanmoins encore dans le commerce, sous la forme de petits grains globuleux ; on s'en sert pour la teinture, la pharmacie et la fabrication des liqueurs.

La cochenille laque (*Coccus lacca* Kerr.) vit, dans l'Inde, sur le *Croton lacciferum*, les *Ficus religiosa* et *Indica*, et dans quelques autres végétaux. La piqûre de cet insecte fait exsuder une matière résineuse connue sous les noms de *laque*, ou *gomme laque*. On la trouve surtout en abondance sur les montagnes incultes qui bordent le Gange et dans le royaume de Pégu. Pour en faire la récolte, on brise simplement les branches auxquelles elle est attachée, et on les porte au marché. La laque est d'un rouge brun foncé, dure, transparente, d'une odeur assez agréable, d'une saveur âcre, mais laissant dans la bouche un parfum suave ; elle s'enflamme aisément. Elle est employée en médecine et dans les arts, notamment dans la teinture, la chapellerie, dans la fabrication des vernis et de la cire à cacheter.

On distingue dans le commerce la laque *en bâtons*, la plus estimée; *en grains*, moins pure que la précédente; *en tables*, ou en morceaux minces, fragiles, transparents; celle-ci est due à un mode particulier de préparation.

Nous ne ferons que nommer une espèce de Chine, encore fort peu connue, qui vit sur un troëne et donne une cire végétale. Il n'est pas douteux qu'une étude plus attentive de ces insectes n'augmente le nombre des espèces utiles.

XIII

L'ARGONAUTE

I

La nymphe Ocyrhoé avait été douée par les Heures des charmes les plus séduisants. Brillante de jeunesse et de beauté, elle revenait de la fête de Diane. Craignant les poursuites d'Apollon, à qui elle avait inspiré une vive flamme, elle pria Pompile, nautonier qui connaissait tous les gouffres de la mer, de la conduire en sûreté dans sa patrie. Mais comment se soustraire à l'amour d'Apollon? Ce dieu parut à l'improviste, ravit la jeune fille, pétrifia la nacelle, et changea Pompile en un habitant des mers qui depuis a porté son nom.

Telle est, d'après Athénée, la poétique origine de ce curieux céphalopode, que les anciens ont nommé *pompile* ou *nautile*, et auquel Linné, ce grand naturaliste qui fut aussi un grand poëte, a donné le nom

13

d'*argonaute*, par allusion aux hardis navigateurs qui allaient à la conquête de la Toison d'or.

Les argonautes sont des mollusques essentiellement marins ou pélagiens; on ne les trouve que dans les mers des régions chaudes et dans une partie de celles des zones tempérées. Parmi les cinq ou six espèces que renferme ce genre, la plus connue est l'argonaute papyracé (*Argonauta Argo* L.). C'est la seule dont nous parlerons ici, les autres ayant des mœurs tout à fait semblables.

Le corps de cet animal, analogue par son organisation aux poulpes et aux seiches, est oblong, long d'environ 12 centimètres, ovoïde ou elliptique, un peu recourbé, arrondi à la partie inférieure; sa couleur est d'un blanc nacré, parsemé de très-petits points rouges et bruns. Sa tête porte deux yeux grands, proéminents, argentés, à pupille noirâtre, remarquables par leur perfection et leur développement, et assez semblables à ceux des animaux supérieurs. La bouche est armée de deux mandibules cornées, noires, dont la forme rappelle celle du bec d'un perroquet. Les bras, au nombre de huit, sont presque égaux, libres dès leur base, et garnis sur leur face interne d'une double rangée de ventouses ou suçoirs aiguillonnés et alternant. Les deux bras intermédiaires supérieurs sont élargis à leur extrémité en forme d'aile ou de voile membraneuse, nacrée, pointillée de rouge. Les six autres se terminent en pointe.

A l'état de repos, tous ces bras se retirent dans l'intérieur de la coquille, qui renferme alors l'animal tout entier.

Cette coquille est mince, papyracée, fragile, transparente, lisse, d'un blanc vitré mat. Sa forme est celle d'un cône oblique, dont le sommet s'enroule en une spire noirâtre, courte et rentrant dans l'ouverture; elle est comprimée, aplatie latéralement, et ses côtés sont marqués de stries bifides, obliques. La carène, plus ou moins large, présente une double rangée de tubercules. A l'intérieur de la coquille, on ne voit aucune attache musculaire.

L'argonaute argo est très-généralement répandu; on le trouve dans les mers des grandes Indes et l'Océan; il est commun dans la Méditerranée, où les flots le jettent souvent sur les côtes ou dans les filets que les pêcheurs tendent à peu de distance du rivage. Bien qu'on le rencontre quelquefois en pleine mer, pendant les orages, c'est surtout par les temps calmes qu'il aime à se montrer à la surface de l'eau; cependant les coquilles d'argonaute que l'on voit dans nos collections ont été rarement récoltées dans cette dernière circonstance.

La singulière organisation de cet animal a dû attirer de très-bonne heure l'attention des hommes les plus étrangers à l'étude de la nature. Aussi a-t-il été le sujet d'un de ces romans scientifiques que les poëtes et les naturalistes de tous les siècles se sont plu à embellir à l'envi, jusqu'à ce qu'une science sévère soit venue substituer à ces merveilleuses fantaisies des réalités non moins merveilleuses.

II

Les auteurs anciens, Aristote, Athénée, Oppien, Philès, Elien, Pline et autres, ont célébré tour à tour les mœurs et l'industrie de ce mollusque, et chanté les merveilles de sa navigation. Ils l'ont signalé comme ayant appris aux hommes les premiers principes de cet art, sans faire attention qu'il y avait là une contradiction flagrante avec l'origine qu'Athénée lui assigne.

Quoi qu'il en soit, d'après ces auteurs, le *nautile* (argonaute) est caché au fond de la mer pendant les tempêtes, car sa frêle nacelle ne pourrait résister au choc des vagues; c'est dans les profondeurs de l'Océan qu'il passe vraisemblablement la majeure partie de son existence. Dès que le temps devient calme, il s'élève du fond de la mer, et, pour déplacer plus vite et plus aisément le liquide qu'il doit traverser, il lui présente le tranchant de sa carène, en renversant sa coquille. Parvenu à la surface, il s'agite, retourne son esquif, y introduit seulement la quantité d'eau nécessaire pour le lester, puis il étend ses bras le long de la coquille, et il les emploie comme des rames pour voguer doucement. Mais qu'une brise légère vienne à se faire sentir, alors il navigue à la voile, en présentant au vent les larges membranes de ses deux bras supérieurs, qu'il tient écartés dans une position oblique. Et pour que rien ne manque à un navire aussi bien organisé, la partie postérieure du corps, qui forme un crochet hors de la coquille, remplit les fonctions de gouvernail, tandis que les trois bras étendus de chaque côté lui servent de balancier. C'est ainsi qu'il conserve la direction qu'il veut suivre.

« Engendré du sang du Ciel, dit Athénée, le « *pompile*, sous la direction des dieux, conduit la « barre et le reste du gouvernail.... Il est toujours « prêt à servir en mer les vaisseaux qui la traversent « rapidement. »

« Les pompiles, dit Oppien, entraînés par la joie « la plus vive à la vue des vaisseaux qui sillonnent « les mers, les suivent à l'envi, sautent et se jouent « à la proue de ces chars maritimes. Comme on « voit un prince qui vient de prendre une ville, « comme on voit un homme vainqueur dans les « jeux publics, le front ceint d'une couronne de « fleurs nouvelles, autour desquels se presse un « peuple immense, ainsi les pompiles vont toujours « en foule à la suite des navires, tant qu'ils ne sont « pas troublés par la crainte du voisinage de la « terre, dont la seule approche semble pour eux une « barrière infranchissable. O poisson justement cher « aux navigateurs! ta présence annonce les vents

13.

« doux et amis; tu ramènes le calme et tu en es le
« signe. »

Aristote, qui donne le nom de *polype* à l'animal
de l'argonaute, a bien reconnu qu'il n'est pas attaché à sa coquille; mais, avec une sage réserve, il dit
qu'on ignore s'il pourrait vivre en étant séparé.
Pline est plus hardi , et affirme que l'argonaute
quitte souvent sa coquille pour venir paître à terre.

Mais si quelque danger se présente, si l'approche
d'un ennemi se fait sentir, si les vents commencent
à rider la surface des eaux, l'argonaute fait rentrer
promptement ses rames, ses voiles et son gouvernail dans sa coquille, qu'il remplit d'eau; puis il
rejette l'air contenu dans ses *vessies*, et se laisse rapidement couler au fond de la mer.

Gaza et les naturalistes de la Renaissance ont re-
produit ces fantaisies scientifiques des anciens au
sujet de l'argonaute. Rondelet en parle longuement
dans le dix-septième livre de son *Histoire des poissons*, un de ces ouvrages qui, malgré les erreurs de
leur temps, sont toujours consultés avec intérêt par
les zoologistes. Belon et Aldrovande donnent une
bonne description de l'animal et de la coquille.
Rumphius, Gualtieri, Ruysch, d'Argenville, copient
plus ou moins les auteurs anciens. Bruguières et
Lamarck lui-même ne manquent pas de dépeindre,
d'après eux, la navigation de l'argonaute. Malheureusement, toutes ces belles descriptions sont plus
poétiques que vraies

III

Après le roman, passons à l'histoire. Comme tous les céphalopodes, l'argonaute nage à reculons, en refoulant l'eau au moyen de son tube locomoteur. Cette explication, plus simple, mais aussi la seule exacte, fait déchoir de leur rang les merveilleuses voiles de l'argonaute. Mais quelle sera donc leur fonction ?

D'après M. Rang, les bras palmés de ce mollusque sont destinés à envelopper et à soutenir la coquille. A. d'Orbigny va plus loin : ces bras, analogues au *manteau* (expansion charnue) des beaux coquillages connus sous le nom de *porcelaines*, sont les organes sécréteurs de la coquille, et la réparent quand elle est brisée. D'après Férussac, le test serait sécrété, comme dans les genres voisins, par l'espèce de sac qui l'enveloppe.

Une question qui a vivement préoccupé et divisé les naturalistes est celle de savoir si l'animal ou le poulpe de l'argonaute est le véritable auteur de sa coquille, ou si ce n'est qu'un parasite, un vrai poulpe qui s'introduit dans le test après en avoir tué le propriétaire, semblable en cela au bernard-l'ermite, qui s'établit dans les coquilles et en change à mesure que son corps augmente de volume. Cette dernière opinion est soutenue par Belon, Rondelet,

Gessner, Aldrovande, d'Argenville, Lamarck, Bosc, Blainville, Deshayes, Gray, etc. Ces auteurs se basent sur ce que l'animal n'est pas fixé à sa coquille. Or le fait en lui-même est vrai, et n'est nié que par quelques naturalistes, Rumphius, entre autres, qui assure que l'argonaute est le seul auteur de son enveloppe testacée, qu'il y est attaché et périt peu de temps après qu'on l'en a séparé, tandis que, d'après les premiers, il l'abandonnerait spontanément pour se mettre plus tôt en sûreté.

L'opinion du non-parasitisme compte aussi des autorités puissantes, parmi lesquelles nous nous contenterons de nommer Rumphius, Bruguières, Cuvier, Duvernoy, Ranzani, Férussac, Poli, Richard Owen, Rang et Alcide d'Orbigny. Ce dernier nous paraît avoir résolu la question d'une manière décisive. Nous regrettons que l'espace ne nous permette pas de citer les nombreux arguments par lesquels il démontre une vérité que nous croyons désormais établie. Nous ne pouvons que renvoyer nos lecteurs désireux de plus amples détails à son excellente *Histoire des Mollusques céphalopodes.*

Nous citerons ici un passage intéressant de ce livre : « Les Chinois parlent du *poulpe à bateau,* « auquel ils reconnaissent une propriété vénéneuse. « De là vient sans doute l'erreur de Bontius, qui « rapporte que l'animal, qu'il tenait dans la main, « lui causa une douleur très-vive, semblable à une « brûlure, ajoutant à ce sujet que les Chinois se

« servaient de cette propriété de l'argonaute pour
« empoisonner les liqueurs données aux Européens;
« ses compagnons, ce qui, assure-t-il, causa la mort
« de plusieurs d'entre eux. »

La coquille de l'argonaute est sans usage, et, en
dehors des collections d'histoire naturelle, elle n'est
guère regardée, chez nous, que comme objet de cu-
riosité. Il n'en est pas de même dans l'Inde, où on
y attache un très-grand prix, d'après Rumphius.
C'est le plus bel ornement des Indiennes, et, dans
les fêtes solennelles, la première danseuse élève au-
dessus de sa tête une de ces coquilles qu'elle tient
dans sa main droite, comme pour attirer l'attention
et augmenter encore la haute estime qu'elle inspire.

XIV

LE GIROFLIER

I

Le végétal qui produit ce condiment si connu dans nos cuisines sous le nom de *clous de girofle* est le *Caryophyllus aromaticus* L., de la famille des Myrtacées. C'est un arbre de moyenne grandeur, atteignant rarement 10 mètres de haut, à cime pyramidale ; ses feuilles sont opposées, un peu soudées à la base, ovales, entières, pointues, lisses, portées sur de longs pétioles et marquées de nombreuses nervures latérales presque perpendiculaires à la côte médiane ; elles restent vertes toute l'année. Les fleurs sont roses, à pédoncules articulés, disposées en corymbe terminal et munies de petites bractées caduques. Le calice est rouge, rugueux, adhérent à l'ovaire, en forme d'entonnoir, à tube étroit, allongé, à limbe partagé en quatre divisions épaisses, char-

Fig. 12. Giroflier aromatique.

nues, aiguës. La corolle a quatre pétales, insérés au contour du sommet de l'ovaire, ainsi que les étamines, qui sont très-nombreuses. L'ovaire est infère et contenant un seul ovule. Le fruit est un drupe sec, ovoïde, couronné par les dents du calice persistant.

Cet arbre, l'un des plus beaux et des plus élégants qui croissent sous le brûlant soleil de l'Inde, a la forme d'une pyramide toujours verte et ornée en tout temps d'une multitude innombrable de jolies fleurs roses. Toutes ses parties sont extrêmement aromatiques; les fleurs surtout répandent une odeur des plus agréables et des plus pénétrantes, qu'elles conservent au même degré après leur complète dessiccation. Cet arome offre encore plus de développement et de suavité dans les boutons non épanouis, qui, étant desséchés, constituent les *clous de girofle* ou *girofle du commerce*.

Le giroflier, qui était connu des naturalistes de l'antiquité, est originaire des Moluques. Au moyen âge, les Vénitiens achetaient le girofle aux Égyptiens et aux Arabes, pour le revendre aux Européens. Lorsque Vasco de Gama eut doublé le cap de Bonne-Espérance, les Portugais s'établirent aux Moluques; mais ils en furent chassés par les Hollandais, qui parvinrent à s'approprier le monopole du commerce des épiceries. Ils firent d'abord arracher tous les plants de girofliers existant dans les îles qu'ils ne pouvaient posséder ni surveiller efficacement. Am-

14

boine devint et est encore pour eux le centre principal de ce commerce très-productif. Dans l'île de Ternate, il y avait des espaces immenses consacrés à la culture du giroflier.

Les autres nations avaient cherché à affranchir l'Europe de cet odieux monopole; mais toutes les entreprises avaient échoué, et leurs auteurs avaient péri victimes de la vigilance et des rigueurs des Hollandais. En 1770, M. Poivre, intendant de l'île de France, envoya une petite expédition, composée de deux navires, à la recherche des plants de girofliers et de muscadiers. Les chefs, MM. d'Etcheveri, de Trémigon et Provost, abordèrent successivement plusieurs îles, où ils ne trouvèrent aucun de ces arbres, les Hollandais les ayant fait tous arracher. Enfin, après des fatigues et des périls sans nombre, échappant aux escadres hollandaises, ils revinrent à l'île de France, chargés de leur précieux butin. De là, le giroflier fut propagé à Mahé, à Bourbon et dans l'Amérique équatoriale. La Guyane en posséda en 1774, et les Antilles françaises en 1789. On l'a naturalisé aussi aux îles Mascarenas, à Sumatra, etc.

II

Le giroflier est un arbre très-délicat; il lui faut une exposition choisie, l'est de préférence, ou, à défaut, le sud; mais cette dernière, et surtout celle de l'ouest, sont trop chaudes pour lui, le soir, dans les temps secs. Le vent, le soleil, la sécheresse, lui sont également contraires, et tous les terrains ne lui sont pas propres. Il préfère les terres fortes, profondes et fraîches; il vient fort mal ailleurs.

La culture de cet arbre demande beaucoup de soins. On le propage par semis ou par bouture. Dans le premier cas, on emploie le fruit mûr, que l'on appelle *antofle* ou *clou matrice*; on l'enfouit à 8 centimètres de profondeur, et on le recouvre légèrement, sans remplir complétement le trou, dont les bords forment un abri. Le sol est ensuite couvert d'une mince couche de feuilles et arrosé avec précaution.

Il faut autant que possible semer en place, car la transplantation présente des difficultés. Elle doit se faire en enlevant les racines avec la masse de terre qui y adhère, et les replaçant dans un trou assez grand pour qu'il reste autour d'elles une cavité d'au moins 15 centimètres, que l'on remplit de feuilles sèches. Enfin chaque trou est entouré de branchages destinés à écarter les animaux nuisibles, notamment les rats.

Le giroflier demande, dans ses premières années, un ombrage qui l'abrite contre le soleil sans le soustraire à l'influence des rosées et de la pluie. Aussi vient-il très-bien sous le couvert des arbres à feuillage clair et léger et à racines peu étendues, comme sont surtout les palmiers, et mieux encore sur les défrichements partiels opérés dans les parties humides des bois.

Dans l'Inde et à Cayenne, on multiplie aussi le giroflier de boutures coupées à l'époque où la séve commence à monter. Ce procédé procure une jouissance plus prompte de l'arbre.

Une tête volumineuse, relativement à la faiblesse des branches et même du tronc, présente beaucoup de prise aux vents, qui le renversent avec trop de facilité. Aussi ne le laisse-t-on pas s'élever en arbre.

Aux îles Maurice et Bourbon, où les ouragans sont fréquents, on le maintient à environ 3 mètres de hauteur; on laisse une égale distance entre les pieds, et on n'enlève pas les branches inférieures. On agit à peu près de même à Cayenne.

En Europe, on ne peut cultiver le giroflier qu'en haute serre chaude, où il ne dépasse pas 2 à 3 mètres. Du reste, sa culture et sa conservation sont assez difficiles.

Aux Moluques, cet arbre commence à donner à trois ans; mais c'est seulement à cinq qu'il est d'un bon rapport. Dans d'autres localités, ce n'est même souvent qu'à la dixième année.

La récolte se fait au moment où les fleurs, devenues rouges, conservent encore leurs pétales roulés sur eux-mêmes, et formant au sommet du *clou* une sorte de calotte arrondie. Comme les fleurs ne se montrent que successivement, la récolte dure plusieurs mois. Nous trouvons à ce sujet, dans un journal, les détails suivants :

« Celui qui cultive les girofliers doit en livrer les
« productions à un prix fixe dans les magasins de
« son canton. Des fonctionnaires spéciaux ont à
« s'enquérir si leurs administrés ne conservent pas
« des provisions de clous de girofle dans leurs de-
« meures, et s'ils les apportent exactement au com-
« mencement du mois, lorsque la moisson est ou-
« verte (d'août à décembre). Pour stimuler leur
« zèle, ils reçoivent une prime assez forte. Une
« commission spéciale est chargée de visiter les
« plantations. En janvier et en février, on paye les
« propriétaires et l'on distribue les primes ; alors
« ont lieu une quantité de fêtes, qui durent jusqu'à
« ce que l'argent reçu soit dépensé. »

On recueille à la main tout ce qu'on peut ; puis on
détache avec de longs roseaux les clous restants, qui
tombent sur la terre nue, ou mieux sur des toiles
étendues sous les arbres. A dix ou douze ans, les
girofliers des Moluques donnent ordinairement un à
deux kilogrammes de clous, selon la force de l'arbre.
Un kilogramme contient environ dix mille clous.

On fait sécher les girofles à la fumée, à la chaleur
du soleil ou dans une étuve. Le premier procédé les
rend complétement noirs. Le dernier a l'avantage de
conserver au clou toute son huile, dont la propor-
tion est considérable, comme on a l'occasion de s'en
convaincre quand on déballe les clous apportés de

14.

l'Inde. Les mains en sont tout imprégnées, pour peu qu'on y touche. Le girofle sec ressemble à un petit clou brun rougeâtre, gras au toucher, long de 10 à 15 millimètres, terminé par quatre pointes aiguës, étalées, et surmonté d'une petite tête arrondie, conique, jaunâtre, formée par les pétales avortés, légère et se détachant facilement.

Les fleurs qu'on a laissées, à dessein ou par oubli, se développer sur l'arbre, donnent naissance à des fruits connus sous le nom d'*antofles* ou de *mères des girofles*. Ils sont oblongs, arrondis, noirâtres, de la grosseur du pouce, et renferment une espèce d'amande ovoïde, dure, noire, fortement imprégnée d'une matière gommeuse. Leur odeur est agréable, leur saveur très-aromatique, mais plus faible que celle des clous. Ils tombent l'année suivante.

III

Toutes les parties du giroflier sont employées dans l'économie domestique, les arts, la médecine, la parfumerie, la distillerie, etc.

Le bois, surtout celui du giroflier sauvage, est dur, solide, pesant; sa couleur est cendrée, mêlée d'une teinte rougeâtre; l'écorce est grisâtre, unie, lisse. Il est propre à l'ébénisterie et aux arts; on l'emploie en médecine, de même que les feuilles, qui sont dures, d'un vert obscur, d'une odeur agréable, forte et aromatique.

Les pédoncules sont appelés *griffes de girofle;* ils sont menus, rameux, grisâtres, d'une saveur et d'une odeur très-fortes, mais moins agréables que celles des girofles. On les emploie en parfumerie.

Les antofles sont réservés surtout pour la reproduction. A l'état frais, les Hollandais les confisent au sucre, et, dans leurs voyages maritimes, ils en mangent après le repas, comme digestif et antiscorbutique. Ces fruits sont peu livrés au commerce ; cependant on les trouve quelquefois dans les pharmacies.

Mais le produit principal de l'arbre consiste dans les clous ou girofles. On en importe tous les ans en Europe des quantités considérables. M. Marcel Régis, juge bien compétent sur cette matière, nous apprend qu'on doit les choisir sains, entiers, pesants, gros, peu ridés, ayant encore leur bouton ; à odeur fortement aromatique, très-pénétrante ; à saveur brûlante, âcre, aromatique ; ils doivent encore être secs, faciles à casser, onctueux, huileux sous l'ongle, de couleur brun foncé. Ceux qui sont unis, mous et gonflés ont un commencement d'avarie ; on doit les rejeter. Ces caractères varient d'ailleurs un peu, suivant les provenances.

Les trois sortes les plus répandues dans le commerce sont :

1° Le girofle des Moluques, appelé aussi *girofle*

anglais, parce qu'il était apporté des domaines de la Compagnie anglaise. Les clous sont gros, bien nourris, obtus, pesants, huileux, brun foncé à l'extérieur, d'une saveur âcre et brûlante, *et* d'une odeur aromatique et forte;

2° Le girofle de Cayenne, plus grêle, plus allongé, plus sec, moins aromatique, d'un brun plus vif que le précédent;

3° Le girofle de l'île Bourbon, plus maigre et plus court, à tête mal arrondie; il est d'un brun plus foncé que les deux autres, et a une teinte rougeâtre.

Les girofles de cette dernière sorte nous arrivent, de même que les griffes, dans des balles ou couffes de joncs; ceux des Moluques viennent en balles de toile double ou en caisses de bois très-épais.

L'usage culinaire des clous de girofle est assez connu. En certains pays, on en met dans toutes les sauces et dans tous les ragoûts. Ils constituent encore un des aromates les plus recherchés et les plus usités. Réduits en poudre, ils sont employés par les parfumeurs. On se sert plus rarement du girofle en médecine. C'est un stimulant très-énergique : on l'administre en poudre mélangée avec du sucre, ou bien encore sous forme de teinture vineuse ou alcoolique; mais on ne doit l'employer qu'à des doses modérées. Il était bien plus usité autrefois que de nos jours.

Tromsdorff a trouvé dans 100 parties de clous de girofle : huile volatile, 18; matière extractive et as-

tringente, 17; gomme, 13; résine, 6; fibre végétale, 28; eau, 18. « L'huile volatile de girofle, dit
« Richard, est d'une saveur brûlante, plus pesante
« que l'eau ; d'abord incolore, elle finit par prendre
« une teinte brunâtre. Elle est d'une âcreté extraor-
« dinaire. On l'emploie soit comme parfum, soit
« pour cautériser les dents cariées ou douloureuses ;
« mais son emploi, dans ce dernier cas, demande
« quelques précautions, pouvant hâter la carie des
« dents voisines. » On fabrique cette huile en
France avec les girofles venus des Indes orientales.

XV

LE GINSENG

On n'est pas encore bien d'accord sur la plante qui produit cette racine, célèbre depuis des siècles dans la médecine sous le nom de *ginseng*, et à laquelle on a attribué des propriétés merveilleuses. On confond, en effet, sous ce nom, les racines ou les tubercules de plusieurs végétaux très-différents; mais le plus remarquable, celui qui, selon toute probabilité, produit le ginseng des Orientaux, est une espèce de la famille des Araliacées, l'*Aralia quinquefolia*; une observation inexacte de ses caractères avait pendant longtemps fait ranger cette espèce dans le genre *Panax*. MM. Decaisne et Planchon ont fixé sa véritable place dans la classification.

Cette plante a une racine pivotante, ordinairement simple, blanche, un peu striée en travers, rappelant, pour la forme et la grosseur, celle du panais sauvage. Cette racine, vivace, produit tous

Fig. 13. Le Ginseng.

les ans une tige simple, grêle, cylindrique, glabre et
lisse, haute de 40 à 50 centimètres. A la partie supérieure de la tige, on trouve un verticille de trois
grandes feuilles digitées, dont le pétiole, long et
élargi à la base, porte cinq folioles presque sessiles,
ovales, dentées en scie, divergentes, disposées à peu
près comme les doigts de la main. Du centre de ces
trois feuilles, qui forment un involucre, naît un pé-
doncule commun qui continue la tige, et porte une
ombelle ou un bouquet de fleurs blanches, dont
plusieurs sont mâles et stériles. Le limbe du calice
présente cinq petites dents; la corolle a cinq pétales
planes; les étamines sont également au nombre de
cinq, et les pistils, de deux ou trois seulement. Les
fruits qui leur succèdent sont de petites baies globu-
leuses, un peu comprimées, à deux loges, qui renferment chacune une seule graine.

Cette plante croît en Chine, au Japon, dans la
grande Tartarie, entre le 29e et le 47e degré de latitude. On la trouve également dans diverses parties
de l'Amérique du Nord, le Canada, la Pensylvanie,
la Virginie, etc. On la connaît chez nous sous le
nom de mandragore de Chine.

La crédulité, fille de l'ignorance, a fait au ginseng
une réputation que l'expérience n'a pas justifiée.
Les Chinois et les Japonais, auxquels nous devons
la connaissance de sa racine, l'ont regardée comme
le médicament le plus précieux du règne végétal.
Ils l'ont appelée *Esprit pur de la terre, Recette d'im-*

15

mortalité; c'était pour eux la première des plantes, la merveille de l'univers. Ils ont écrit de gros volumes sur ses vertus. Ils lui ont attribué le pouvoir de prolonger la vie. L'empereur Kienlong disait que le ginseng rendrait l'homme immortel, si quelque chose pouvait avoir cette propriété. « C'était, dit Mérat, un cordial souverain, un moyen merveilleux contre les épuisements de toute nature, les venins quels qu'ils fussent, etc.; avec elle on remédiait aux hémorragies, aux vomissements, aux inflammations, etc. Elle donnait une vigueur inconnue; en la plaçant dans sa bouche, on pouvait faire de longues courses sans le moindre essoufflement. »

On comprend qu'une substance douée d'aussi grandes vertus ait toujours été un article de commerce fort important pour la Chine. La Corée, qui produit le ginseng le plus estimé, est tenue d'en fournir une quantité considérable à l'empereur, outre le tribut qu'elle lui paye. Il était autrefois très-difficile aux Chinois de s'en procurer; la plante croissait dans des contrées affreuses, dans des précipices presque inabordables; on envoyait quelquefois pour la cueillir une armée de dix mille hommes. La récolte s'en faisait avec pompe et avec beaucoup de soins; elle était accompagnée de cérémonies particulières.

On prend encore des précautions sans nombre pour la préparation et la conservation du ginseng. Après avoir bien lavé la racine, on la dégage des fibrilles dont sa surface est couverte, en la raclant avec un morceau de bambou ; on la fait ensuite bouillir pendant quelques minutes dans une décoction de farine de riz, après quoi on l'enveloppe d'un linge fin et on la fait sécher.

Enfin, on met cette racine dans des boîtes de plomb, que l'on entoure de chaux, pour la préserver des attaques des insectes. Dans cet état, le ginseng est dur, jaunâtre, d'une consistance presque cornée, d'une odeur faible, d'une saveur douce et sucrée d'abord, ensuite aromatique.

M. Vérolles, vicaire apostolique en Chine, a remis au docteur Mérat deux sortes de ginseng : la première est la racine naturelle, de la grosseur du doigt, dure, compacte, un peu ridée, présentant quelques côtes, dépourvue de fibrilles ; le haut est resserré en un collet d'où part la tige ; le bas est quelquefois simple et recourbé, d'autres fois il se divise en deux ou trois rameaux. Cette racine est recouverte d'un épiderme peu épais et à peine apparent. Elle est blanche comme un rhizome d'iris, et n'a pas d'odeur ; sa saveur, un peu piquante d'abord, puis un peu sucrée, devient enfin assez analogue à celle de la réglisse. Cette sorte se tire surtout de la Tartarie mongole, où elle est très-rare.

La seconde sorte est, dit-on, la racine confite : celle-ci est semi-transparente, en morceaux droits, plus minces, plus longs et plus unis que la première ; le sucre ayant pénétré partout, on n'y distingue

plus ni tissus ni épiderme.. Elle a la teinte de nos
fruits confits, et sa saveur rappelle aussi celle de la
réglisse. On la prépare surtout dans la Corée.

Le prix du ginseng est toujours très-élevé ; au
dire de quelques voyageurs, une livre de cette racine est vendue au poids de trois livres d'argent.
D'après M. Vérolles, le ginseng de Tartarie vaut
3000 francs l'once ; celui de la Corée, étant plus
commun, est aussi bien moins cher ; il ne coûte que
400 francs l'once.

On pense bien qu'une substance aussi précieuse
n'est pas accessible à tout le monde. On en réserve à
l'empereur la meilleure partie ; les grands achètent
le reste, et c'est un des plus beaux présents qu'ils
puissent se faire entre eux. Les voyageurs ne peuvent s'en procurer, et il a fallu que des néophytes
chrétiens en donnassent en cachette, au zélé mis-
sionnaire, les quelques morceaux qu'il a pu rappor-
porter en France. Quant au peuple, il est forcé de
s'en passer. On a cherché à faire acheter aux Chinois le ginseng de l'Amérique du Nord. Un auteur
assure qu'après l'avoir payé très-cher pendant quelque temps, ils ont cru devoir ne pas lui reconnaître
les mêmes qualités. Il est certain, au contraire,
comme nous l'apprend Mérat, que le prix de cette
racine diminua beaucoup, lorsqu'on eut découvert
que cette plante croissait également dans l'Amérique
du Nord ; les Hollandais en approvisionnèrent les
ports de l'empire chinois, et ils en retirèrent des

bénéfices considérables; mais les mandarins, voulant empêcher la dépréciation du ginseng, prétendirent que celui qu'on leur apportait était faux, et en firent brûler les cargaisons.

Le ginseng fut introduit en Europe dans le xvii⁰ siècle; les ambassadeurs de Siam en apportèrent à Louis XIV, et, en 1697, Bourdelin lut à ce sujet un mémoire à l'Académie des sciences. Précédé en quelque sorte par sa haute réputation, le ginseng s'est d'abord vendu chez nous au poids de l'or. Nos médecins ont longtemps partagé l'engouement des Orientaux, et ce remède est devenu à la mode, comme en Chine et au Japon. On l'a regardé tour à tour comme un spécifique contre les maladies les plus graves. Le nom de *Panax*, que les botanistes du temps lui ont donné, signifie, comme celui de panacée, *remède à tous les maux*.

Le ginseng a été rangé au nombre des médicaments qui ont la propriété d'exciter les organes, d'activer le cours du sang, d'augmenter la sécrétion de la sueur, etc. Mais on en fait aujourd'hui bien rarement usage, même en Chine; les voyageurs parlent à peine de son emploi; cependant on se sert encore quelquefois de ses feuilles en guise de thé.

XVI

LE BANANIER

I

Les traditions religieuses des peuples, à défaut de
témoignages historiques, assignent au bananier une
origine aussi ancienne que celle du genre humain.
Les juifs et les chrétiens y ont vu l'arbre de la science
du paradis terrestre. Le régime qui sort d'entre ses
feuilles, hérissé de fruits et terminé par un gros
cône violet, figurait à leurs yeux la tête et le cou du
serpent tentateur. C'était, disaient-ils encore, avec
ses larges feuilles que nos premiers parents avaient
couvert leur nudité, d'où le nom de *figuier d'Adam*.

Des érudits ont pensé que l'énorme grappe de
raisin rapportée à Moïse de la terre promise n'était
autre qu'un régime de bananier. Olaüs Celsius regarde les fruits de ce végétal comme étant le fameux
Doudaïm de l'Écriture sainte.

Fig, 14.—Le Bananier.

Le bananier n'était pas moins célèbre dans l'Inde, où il était cultivé à l'époque de l'expédition d'Alexandre. Ses fruits servaient à la nourriture des brahmines et des philosophes indiens, dont la sobriété était telle que quelques bananes suffisaient à leurs repas. Ceci se rapporte à l'espèce appelée aujourd'hui *bananier des sages*.

Des voyageurs racontent qu'en Amérique les Portugais n'osent, par superstition, manger de ces fruits, parce qu'en les coupant en travers, ils croient, dans la figure qui s'y trouve marquée, reconnaître la croix du Christ; mais cette prétendue croix n'a que trois branches. D'autres disent qu'en Grèce le peuple superstitieux est persuadé que le bananier s'abat sur celui qui lui ravit son fruit avant sa maturité.

Théophraste et Pline ont décrit ce végétal si remarquable. Les auteurs arabes, Avicenne, Rhazès et Sérapion, en ont parlé aussi avec de grands éloges.

Ce n'est pas seulement son fruit qui a valu au bananier une si grande réputation parmi les habitants de différentes contrées des Indes orientales. Ses feuilles servaient à l'écriture avant que les nations commerçantes de l'Europe leur eussent apporté l'usage du papier, et cet emploi s'est perpétué jusqu'à nos jours.

Le nom de *Musa*, que les botanistes ont donné au bananier, vient-il de *Musa*, médecin d'Auguste, ou dérive-t-il des noms arabes ou indiens *Mauz*, *Macsa*, etc.? C'est une question qui n'est pas encore résolue. Quant au nom de *bananier*, il vient de *banana*; c'est ainsi que les habitants de la Guinée appellent son fruit.

Introduit depuis longtemps en Amérique, le bananier s'y est rapidement propagé, et, dans certains pays, il est devenu la base de l'alimentation; de là ce proverbe qu'on entend répéter sous la zone équatoriale : « Personne ne meurt de faim en Amérique. » C'est donc avec raison, dit Bernardin de Saint-Pierre, que le voyageur Dampier appelle le bananier le *roi des végétaux*, comme nous en donnerons plus loin des preuves.

II

Les bananiers ne sont pas des arbres, mais plutôt de gigantesques plantes bulbeuses, à tige herbacée, dressée, recouverte par les gaînes des feuilles, ou même uniquement constituée par ces gaînes, très-longues et emboîtées les unes dans les autres. Les feuilles, portées sur de longs pétioles, sont roulées en cornet à leur origine; en se développant, elles acquièrent jusqu'à 2 mètres de longueur sur 50 centimètres de largeur; elles sont d'un vert tendre, lisses et comme satinées en dessus, et marquées d'une grosse nervure ou côte médiane, de laquelle partent un très-grand nombre de nervures transversales très-fines et parallèles entre elles. Elles sont très-*entières*, dans le sens qu'on attache à ce mot en botanique ; mais les vents les déchirent profondément en longues lanières.

Les fleurs sont grandes, munies chacune d'une spathe ou bractée colorée, et disposées en un long spadice solitaire, penché. Le périanthe est coloré, pétaloïde, irrégulier, partagé en six divisions profondes, disposées sur deux rangs ; la division inférieure du rang interne est cordiforme, concave, et affecte, comme dans les orchidées, une forme particulière. Les étamines sont au nombre de six, insérées à la partie interne des divisions du périanthe, et leurs anthères présentent un appendice pétaloïde. L'ovaire est oblong, adhérent au calice, divisé en trois loges portant attachés à leur angle interne un grand nombre d'ovules ; il est surmonté d'un style cylindrique, terminé par un stigmate à trois divisions bifides, rayonnantes.

Le fruit est disposé, comme les fleurs, en longues grappes qui portent le nom de *régime* ; c'est un fruit charnu (*péponide*), à trois loges contenant un grand nombre de graines, qui présentent ordinairement un appendice membraneux (*arille*), frangé et diversement coloré. Ces graines avortent souvent, par suite du développement que prend le péricarpe (partie charnue du fruit). L'embryon est entouré d'un albumen farineux.

Peu de végétaux égalent les bananiers pour l'élégance et la majesté du port, la beauté et l'ampleur du feuillage, la richesse de la floraison, les qualités du fruit, ou les usages multiples de leurs diverses parties. On en connaît un certain nombre d'espèces, dont les plus remarquables sont :

1º Le bananier du paradis, ou figuier d'Adam (*Musa paradisiaca* L.), originaire des Indes orientales, et dont les fruits, longs de 16 à 25 centimètres, portent plus spécialement le nom de *bananes*;

2º Le bananier des sages (*Musa sapientium* L.), dont les fruits, moitié moins longs que les précédents, sont appelés *figues-bananes*;

3º Le bananier de la Chine (*Musa Sinensis*), à fruits longs d'un décimètre, appelés aussi figues-bananes, et les meilleurs de tous ;

4º Le bananier à spathes écarlates (*Musa coccinea*), très-répandu en Chine, et cultivé surtout comme plante d'ornement;

5º Le bananier à spathes roses (*Musa rosea*), à belles fleurs d'un jaune orangé, à fruits rares, petits, très-médiocres;

6º Le bananier des Troglodytes (*Musa Troglodytarum* L.), qui croît aux Moluques ;

7º Le bananier textile d'Amboine ou Abaca (*Musa textilis*), dont les fruits ne sont pas comestibles.

Les bananiers habitent les régions tropicales des deux continents ; ils paraissent originaires de la partie de l'Asie méridionale appelée région des Musa-

cées et des Scitaminées. C'est de là qu'ils ont passé
en Afrique, et sans doute aussi en Amérique. Dans
l'Afrique septentrionale, ils dépassent beaucoup le
tropique, et on le cultive sur les côtes de la Méditerranée. En France, le bananier ne peut croître en
pleine terre; à Hyères même, il périt en hiver,
lorsqu'on le laisse sans abri. Le docteur Madden a
trouvé un bananier indigène croissant très-abondamment dans l'Himalaya oriental, au nord de la province d'Assam, et s'élevant à plus de 2000 mètres.
Les bananiers paraissent affectionner particulièrement les localités abritées et humides, fraîches et
ombragées.

III

Les *bananeries* sont établies de préférence dans les
vallées et sur les bords des cours d'eau. Avant la
plantation, le terrain doit être ameubli et nettoyé des
mauvaises herbes.

On multiplie le bananier par ses rejetons, qu'on
plante à environ 3 mètres de distance en tous sens;
on coupe la tige à 20 centimètres au-dessus du bulbe
ou tuberculé radical; puis, la partie inférieure est
couchée obliquement dans des trous préparés quelque temps à l'avance; enfin on recouvre de terre,
en ne laissant au dehors qu'une longueur d'environ
5 centimètres. Dès que les jeunes plants sont arrivés

16

à un certain degré de force, ils n'exigent plus d'autrès soins de culture que d'être sarclés tous les deux ou trois mois.

Un an après la plantation, et quelquefois moins, le régime est mûr; on le cueille alors en coupant la tige de la plante. Celle-ci ne porte fruit qu'une fois; mais elle a, pour la remplacer, plusieurs rejetons de différents âges. L'un d'eux atteint déjà, à ce moment, les deux tiers de la hauteur de la tige mère; trois mois après il portera son fruit, et tous les rejetons se développeront successivement dans le même ordre. Ainsi, dans une bananerie en plein rapport, on a du fruit toute l'année. Dans une bonne situation, et avec des soins de culture, on obtient des produits abondants et longtemps prolongés. Aussi une bananerie est-elle d'une grande ressource pour la nourriture des cultivateurs, surtout pendant les temps de sécheresse.

« Quoique les bananiers, dit Dutour, soient communément plantés dans des lieux bas et abrités, cependant ils sont souvent renversés par les ouragans qui règnent entre les tropiques. Alors on perd beaucoup de leurs fruits. Il s'en fait aussi une perte considérable lorsqu'il en mûrit à la fois une quantité surabondante aux besoins; car les bananes ne peuvent se garder longtemps. »

En Europe, et généralement dans toutes les régions tempérées ou froides, le bananier ne peut croître que dans les serres chaudes, dont il fait le plus bel ornement. Les rejetons qui servent à le multiplier doivent être enlevés très-jeunes et avec beaucoup de soins. La terre qui leur convient est un mélange, par parties égales, de bonne terre franche, de terre de bruyère et de terreau consommé. On peut les planter en pots ou en petites caisses, qu'on tient continuellement dans la tannée. Mais, pour les voir prospérer, il vaut mieux disposer dans la serre chaude une bâche ou un encaissement d'un mètre de profondeur et d'une étendue proportionnelle au nombre des sujets, qu'on y plante à 2 mètres de distance. Le bananier de Chine se contente d'une hauteur de 3 mètres sous le vitrage; mais la plupart des autres espèces demandent environ 5 mètres. Les arrosements, toujours fréquemment répétés, seront modérés en hiver, mais très-copieux en été. Ces plantes exigent une chaleur qui monte successivement de 15 à 25°. A cette condition seulement, les fruits se forment et mûrissent. Ces bananiers deviennent d'ailleurs souvent plus beaux que ceux des tropiques, car leurs feuilles restent intactes et ne sont pas déchirées en lanières par l'action des vents violents.

IV

On récolte ordinairement les bananes avant leur parfaite maturité, c'est-à-dire quand leur couleur, d'abord verte, commence à prendre une teinte jaunâtre. Un régime de bananier porte souvent plus de cent fruits. La banane renferme, sous une peau un peu rude, une chair molle, d'une saveur douce et agréable ; mais elle se mange rarement crue. Ordinairement on la fait cuire, soit dans l'eau avec la viande salée, soit au four ou sous la cendre ; elle est alors très-sucrée, nourrissante et facile à digérer. D'autres fois on pèle le fruit, et on le coupe par tranches longues qu'on fait cuire comme des beignets, après les avoir enveloppées d'une pâte légère.

La figue-banane, au contraire, se mange presque toujours crue et sans assaisonnement ; sa chair est molle, fraîche et délicate. « Elle est, dit Bernardin « de Saint-Pierre, onctueuse, sucrée, farineuse, et « offre une saveur mélangée de celles de la poire « de bon-chrétien et de la pomme de reinette. Elle « est de la consistance du beurre frais en hiver ; de « sorte qu'il n'est pas besoin de dents pour y mor- « dre, et qu'elle convient également aux enfants du « premier âge et aux vieillards édentés. Elle ne « porte point de semences apparentes ni de placenta, « comme si la nature avait voulu en ôter tout ce qui « pouvait apporter le plus léger obstacle à l'aliment « de l'homme. »

On a proposé différents moyens pour conserver les bananes. Le premier consiste à les peler, puis à les couper en tranches minces ou à les fendre en quatre dans le sens de la longueur. Exposées au soleil, elles se dessèchent en quelques jours, et peuvent alors se conserver près de cinq ans. On fait un grand usage alimentaire de ces tranches cuites dans du bouillon.

Un autre procédé consiste à les râper, toujours après les avoir pelées, à les mettre à la presse et à les faire cuire ensuite dans une poêle, comme la farine de manioc. La farine ainsi obtenue est très-nourrissante, se conserve longtemps et sert à faire de très-bonnes purées. Les voyageurs européens en emportent d'ordinaire une provision, quand ils quittent des pays fertiles en bananiers; elle leur fournit, pendant la traversée, une nourriture saine et agréable. On en fait même du pain, à la Grenade.

Dans les plaines chaudes du Mexique, appelées *tierra caliente*, et particulièrement dans les villes de Jalisco et de Méchoacan, on cueille les bananes à parfaite maturité, puis on les expose au soleil sur des claies; quand elles commencent à se rider, on les pèle; quelques jours après elles sont complétement sèches et couvertes d'une efflorescence sucrée, comme les figues sèches et les pruneaux. On les emballe alors, en ayant soin de les comprimer un peu, soit dans des caisses, soit simplement dans des feuilles de bananier. Elles se conservent ainsi pendant près de vingt ans, comme on a pu s'en assurer à l'exposition de Londres; on a signalé seulement la désagrégation d'une partie du parenchyme, qui semble contenir du sucre incristallisable, et se résout

16.

.en granulations brunes ayant assez l'apparence de la cassonade, mais conservant du reste la même saveur que les parties les plus résistantes. M. Decaisne a insisté dès 1845, dans son cours de culture au Muséum, sur les avantages que notre colonie de la Guyane pourrait retirer de l'importation des bananes sèches en Europe.

Avec des bananes cuites au four dans leur peau, puis pelées et bouillies dans l'eau, on fait une tisane très-usitée dans les toux tenaces et dans les inflammations du poumon.

Aux Antilles et à Cayenne, on fait avec ces fruits une boisson appelée *vin de bananes*, et on peut en retirer une bonne eau-de-vie.

La séve qui s'écoule de la tige percée ou coupée d'un bananier est employée comme astringent dans les hémorragies et les diarrhées ; on s'en sert aussi, après l'avoir sucrée, contre les maux de reins.

Les tiges constituent un fourrage recherché des bestiaux. Les Indiens couvrent leurs cases avec ses feuilles et en font aussi des vases. Ces mêmes feuilles leur servent de linceul pour ensevelir leurs morts.

La tige et les feuilles renferment des fibres textiles qu'on en extrait avec avantage pour la fabrication du papier et des étoffes. On préfère pour ce dernier usage le bananier textile ou *Abaca*. Quant aux autres espèces, elles n'ont rendu jusqu'à présent, sous ce rapport, que des services secondaires. Il faudrait, en effet, découvrir un procédé facile et peu

coûteux pour extraire la fibre. Or, les efforts tentés
par M. Fremendity, en France, et M. Francis Burke,
aux États-Unis, n'ont amené que des demi-succès.
La grande difficulté, d'après M. Yelli, tiendrait
d'abord à la structure de la tige du bananier, où les
fibres, suivant le point qu'elles occupent, seraient
douées de qualités toutes différentes, ensuite à la
main-d'œuvre préparatoire très-coûteuse qu'il faudrait lui faire subir avant de la soumettre à l'action
de la machine. Ne désespérons pas pourtant de la
solution future d'un problème qui intéresse au plus
haut degré la prospérité de nos colonies.

XVII

LES LICHENS

Tous nos lecteurs ont remarqué sans doute ces larges plaques crustacées, grises, jaunes ou brunes, qui se trouvent sur les rochers, les vieux murs, la terre, l'écorce des arbres, etc. Ce sont là de véritables végétaux, placés, il est vrai, à l'un des derniers degrés de la série, mais qui n'en ont pas moins une organisation remarquable. Le nom de lichens, qu'on leur a donné, vient du grec *leichen*, dartre, et exprime bien l'apparence de la plupart d'entre eux; tous cependant ne présentent pas cette forme; les uns végètent sur le sol et ont de nombreuses ramifications; d'autres sont suspendus aux branches des arbres sous formes de longs filaments; quelques-uns ressemblent à une poussière grise ou verdâtre, ou plutôt tous les lichens se présentent avec cet aspect dans les premiers temps de leur développement. C'est à cet état rudimentaire qu'on a donné le nom

de lèpre ou de *lepraria*; on l'observe fréquemment
sur les statues ou les vases en marbre qui servent à
la décoration de nos jardins publics.

Arrivés à leur état parfait, les lichens ne se composent toujours que de tissu cellulaire; mais leur
forme est variée comme nous venons de le voir.
Chez ceux qui sont foliacés, on remarque souvent
des frondes ou espèces de feuilles imbriquées (se
recouvrant comme les tuiles d'un toit) et dont l'ensemble ne manque pas d'élégance, comme on peut
le voir particulièrement dans la Parmélie du tilleul.
Cette fronde, qui constitue les organes de la végétation, porte ceux qui servent à la reproduction. Ces
derniers sont de deux sortes : les uns bombés, les
autres en godet; on a donné aux premiers le nom
de *tubercules*, aux seconds celui de *scutelles*. Ils se
composent de deux parties, l'une extérieure, plus ou
moins évasée ou fermée; l'autre intérieure, qui renferme les *sporules* ou corps reproducteurs. On y
trouve encore quelquefois de petits amas de matière
pulvérulente, auxquels on a donné le nom de *soré-
dies*.

Bien qu'on rencontre souvent les lichens sur les
végétaux vivants, on ne doit pourtant pas les consi-
dérer comme de vrais parasites. Simplement posés
à la surface des corps, sans y adhérer ni enfoncer
leurs suçoirs, ils ne vivent en rien à leurs dépens,
et se nourrissent uniquement de l'humidité am-
biante. Dès que celle-ci vient à manquer, leur végé-

tation s'arrête, pour reprendre et continuer son développement dès que les circonstances redeviennent favorables. Des lichens parfaitement secs et conservés en herbier depuis un an se sont remis à végéter dès qu'ils ont été soumis à l'action de l'humidité. Toutefois, l'air, la chaleur et la lumière leur sont aussi indispensables ; ils ne se développent pas dans une obscurité complète, comme cela a lieu pour un certain nombre d'algues et de champignons.

Leurs stations sont très-variées ; on en trouve sur la terre sèche ou humide, sur les pierres les plus dures, sur les métaux exposés à l'air ; les vieilles grilles ou portes en fer en sont fréquemment couvertes. Ils croissent abondamment sur l'écorce des arbres, quelquefois même sur les tiges des plantes herbacées, les chaumes des céréales ; dans les régions chaudes on les observe souvent sur les feuilles des arbres, et on en trouve dans nos climats sur celles du buis.

Les lichens sont répandus dans toutes les régions du globe, et les climats les plus extrêmes ne sont point un obstacle à leur développement. Dans les régions polaires, ils constituent en quelque sorte le fond de la végétation ; sur les hautes montagnes, au voisinage des neiges perpétuelles, ils représentent le dernier terme de la vie organique et forment, par l'abondance de quelques-unes de leurs espèces, une région botanique spéciale, la région des lichens. Cette circonstance a fait penser que ces végétaux

étaient plus nombreux en espèces aux pôles qu'à
l'équateur; il n'en est rien ; mais sous les zones tropicales, ils sont moins remarqués par l'observateur,
dont l'attention se porte naturellement sur une riche
végétation arborescente.

La forme, la texture, la consistance de ces cryp-
togames, varient avec les climats. Les espèces foliacées se trouvent surtout dans les pays chauds ou
tempérés ; à mesure au contraire qu'on s'approche
des pôles ou du sommet des montagnes, on remarque
la prédominance des espèces crustacées. Si quelques
lichens ont une aire circonscrite, une véritable patrie, d'autres sont essentiellement cosmopolites et
se rencontrent partout, du pôle à l'équateur.

Tous les lichens avaient été réunis par Linné dans
un seul genre qu'il rapportait à l'ordre des algues;
c'est aussi dans la famille de ce nom que Jussieu les
a rangés ; le nombre des espèces prodigieusement
accru aujourd'hui, et surtout les différences qu'elles
présentent dans leur organisation ont conduit à l'établissement de genres multipliés, qui forment la
famille des Lichénées, intermédiaire entre les champignons et les hépatiques; quelques botanistes ont
même élevé ce groupe au rang de classe, et l'ont
divisé en quatre familles. En général, les espèces,
très-variables dans leur forme, sont assez difficiles
à caractériser.

Les lichens sont tous plus ou moins riches en
matières nutritives, et forment, dans certains pays,

la base de l'alimentation des classes pauvres; c'est surtout dans les régions glacées du Nord qu'ils rendent d'importants services sous ce rapport.

Le lichen d'Islande est l'espèce la plus remarquable. A certaines époques de l'année, les Islandais se réunissent pour aller le recueillir; ils le ramassent dans des sacs, le lavent pour lui faire perdre son amertume, le sèchent au four et le pulvérisent pour le conserver dans des tonneaux. Mêlé avec de la farine, il sert à faire du pain, ou bien il est consommé de diverses manières. Le pain qu'on en obtient forme un bon aliment, quoique un peu amer. Olafson regarde sa valeur nutritive comme deux fois plus forte que celle du blé.

Le genre *Lobaria* renferme plusieurs espèces alimentaires, dont la principale est la pulmonaire de chêne ou thé des Vosges. Dans le sud de la Russie et la Tartarie, on emploie comme aliment le lichen comestible (*Lecanora esculenta* D C.), qui se présente sous la forme de petits grains blancs, tuberculeux; son développement est si rapide qu'on le regarde dans le pays comme tombant tout formé de l'atmosphère; on lui a donné le nom de *manne*, et on croit que c'est cette substance qui a nourri les Hébreux dans le désert. Nous citerons encore plusieurs espèces de *Cladonia*, notamment le lichen des rennes, qui, en Laponie, forme pendant l'hiver l'unique nourriture de ces animaux, qui vont le découvrir sous la neige; Mérat pense que dans nos climats les lièvres et les lapins s'en nourrissent pendant la mauvaise saison.

Les propriétés médicales de ces végétaux ne sont pas moins remarquables; des principes mucilagineux, d'une nature franche et particulière, se retrouvent à peu près les mêmes dans toutes les espèces foliacées, dont la composition présente une telle analogie qu'on peut presque indifféremment les employer l'une pour l'autre. Mais celle dont on fait surtout usage est le lichen d'Islande; il diminue les sueurs, la toux et les autres symptômes des maladies de poitrine. La pulmonaire, comme son nom l'indique, a été employée aux mêmes usages, ainsi que quelques *peltigera* et la parmélie des rochers. Cette dernière espèce a été très-préconisée contre les hémorragies et surtout contre l'épilepsie; M. Ducom rapporte que celle qu'on avait recueillie sur des crânes humains exposés à l'air se vendait au prix énorme de 1000 francs l'once, sous le nom d'*usnée du crâne humain*. Une autre espèce, l'usnée barbue, passait pour avoir la vertu de faire croître les cheveux. Le temps a fait justice de toutes ces croyances populaires, comme de tant d'autres.

Quelques lichens sont utilisés dans l'industrie. La physcie du prunier et le lichen des rennes servent à faire des sachets d'odeur. Mais c'est surtout pour la teinture qu'on en tire un grand parti; ils fournissent les matières colorantes connues sous les noms d'*orseille*, de *tournesol en pain* et de *cudbear*. L'or-

17

seille des Canaries est fournie par plusieurs *roccella*;
mise en contact avec l'eau, elle donne une belle
couleur rouge et fournit des teintes très-vives qui,
transportées sur les étoffes, ne présentent pas une
grande solidité. Il paraît que les Grecs s'en servaient
pour teindre en pourpre; l'orseille a été dans ces
derniers siècles, en Hollande, l'objet d'un grand
commerce. La parelle, vulgairement appelée *orseille
d'Auvergne,* se trouve sur les rochers volcaniques,
non-seulement de ce pays, mais de toute l'Europe.
Elle se prépare comme la précédente; mais sa matière colorante, bien moins abondante, a une teinte
violette; elle peut fournir aussi du tournesol. On
emploie, pour teindre en bleu, en violet, en jaune,
en rouge ou en vert, plusieurs espèces d'Usnée, de
Corniculaire, de Parmélie, de *Peltigera,* d'Urcéo-
laire, etc.

Parmi les insectes qui vivent sur ces végétaux,
on remarque surtout des papillons nocturnes, tels
que des Phalènes et des Noctuelles; les autres espèces qu'on y rencontre accidentellement sont des
Carabes ou d'autres insectes carnassiers qui font la
chasse aux chenilles de ces Lépidoptères.

Fig. 15. — Lavage du cascalhaon contenant le diamant.

XVIII

LE DIAMANT

I

Ce n'est pas d'aujourd'hui que le diamant repré-
sente au plus haut degré l'apanage de la richesse et
l'idéal du luxe; son emploi comme pierre d'ornement date de la plus haute antiquité. S'il n'est pas
bien certain que ce soit lui dont Homère a parlé
sous le nom d'*Adamas*, il n'en est pas moins vrai
que ce minéral était tout aussi estimé des Grecs et
des Romains qu'il l'est de nos jours. Le témoignage
de Pline ne laisse aucun doute à cet égard. Ce naturaliste nous apprend qu'on le trouvait en Éthio-
pie. Il parle de la cristallisation du diamant, et
ajoute qu'il raye toutes les pierres précieuses, vraies
ou fausses. Mais si sa dureté, qui lui avait fait donner le nom d'*Adamas* (indomptable), était bien
connue, on se faisait des idées très-peu exactes de

ses autres propriétés. On le croyait incombustible,
et Pline affirme qu'il ne peut même pas être échauffé.
Lucrèce assure qu'il ne redoute pas le choc du mar-
teau.

Il ne faut pas s'étonner qu'au moyen âge on ait
attribué au diamant des propriétés merveilleuses.
Voici ce que dit un chimiste peu connu, Bartholomée l'Anglais, dans son livre *Des propriétés des
choses*, traduit en français en 1372 : « Ceste pierre
« vault moult à celluy qui la porte, contre ses enne-
« mis et contre forcenerie, et contre malvais songes
« et fantosmes, et contre venin, et contre les dia-
« bles, etc. » Or, ces diables prenant la figure de
l'homme, Bartholomée expliquerait ainsi naturellement pourquoi les femmes ont toujours tant recherché le diamant, et en ont fait le plus brillant
complément de leur toilette.

Pendant longtemps, ne sachant pas tailler ces
pierres, on les portait telles que la nature nous les
donne, et on attachait un grand prix surtout à celles
qui étaient naturellement brillantes et de forme régulière; on les appelait *diamants à pointes naïves*.
C'est en 1476 qu'un gentilhomme hollandais, Louis
de Berghem, de Bruges, découvrit que le diamant
pouvait être usé par sa propre poussière, nommée
égrisée, et par conséquent prendre, avec le poli,
toutes les formes voulues.

Le premier diamant taillé fut porté par Charles le
Téméraire, qui le perdit à la bataille de Morat; il

fut depuis retrouvé et vendu à Henri VIII, roi d'Angleterre, qui en fit don à sa fille, lorsqu'elle épousa le roi d'Espagne Philippe II. On prétend que ce diamant n'est autre que le *Sancy*, de la couronne de France.

Il n'est pas sans intérêt de connaître les idées que Bernard Palissy a émises au sujet du diamant. Il dit, dans son *Traité des pierres* : « Le diamant n'est « autre chose qu'une eau, comme le cristal ; mais « il est congelé par quelque rare espèce de sel, pur « et monde, lequel est tellement endurci en sa con- « gélation qu'il est plus dur que mille des autres « pierres ; et faut ici noter que son excellente beauté « procède en partie de sa dureté, et ce d'autant que « le polissement est plus beau, de tant plus la pierre « est dure. Les lapidaires disent ainsi : Voilà un « diamant qui a une belle eau ; ils parlent bien, « mais il y a du cristal, que s'il estoit ainsi dur « qu'est le diamant, il se trouveroit aussi lumineux « et excellent en beauté, comme le diamant, et ne « cognoistroit-on aucunement la différence de l'un « avec l'autre. »

C'est à peu près vers cette époque que les mines de l'Inde, connues déjà depuis bien des siècles, com- mencèrent à être régulièrement exploitées. En 1622, celles de Golconde occupaient déjà trente mille in- dividus. Les mines du Brésil, qui aujourd'hui ali- mentent presque exclusivement le commerce, furent découvertes au commencement du xviie siècle. Elles se trouvent dans un territoire très-riche en or, dont les exploitations avaient longtemps empêché de reconnaître qu'il renfermait aussi des diamants. Les premiers qu'on y trouva furent regardés comme des cristaux sans valeur, et le gouverneur de Villa-do-Principe s'en servit comme de jetons de jeu. L'ambassadeur de Hollande à Lisbonne les fit examiner par les lapidaires de son pays, qui les reconnurent pour de très-beaux diamants. Il informa le gouvernement portugais de la découverte, et conclut en même temps un traité pour le commerce de ces pierres. L'énorme quantité exportée dans les vingt premières années, et qu'on dit avoir excédé mille onces, en diminua promptement le prix en Europe, et on les envoya par la suite dans l'Inde, qui jusque-là les avait fournis exclusivement.

Vers la fin du XVIIe siècle, Cosme III, grand-duc de Toscane, avait favorisé les expériences d'Averami et de Targioni sur la combustibilité du diamant; on vit cette pierre, brûlée au foyer d'un miroir ardent, se consumer et disparaître, sans laisser aucun résidu. Un des successeurs de Cosme répéta ces expériences, en 1751.

Quinze ans plus tard, les chimistes Rouelle, Lavoisier, Darcet, etc., constatèrent que le diamant brûle toutes les fois qu'il est fortement échauffé au contact de l'air, tandis qu'à l'abri de ce contact, la chaleur la plus intense ne produit sur lui aucun effet. Lavoisier s'assura aussi que le diamant, étant

brûlé, donne, comme le charbon de bois, du gaz
acide carbonique. Il en conclut que le diamant n'est
autre que du carbone, résultat confirmé par les expériences plus récentes de Davy et de M. Dumas.

Petdzoldt, ayant observé dans le diamant des
corps étrangers qu'il a pris pour des tissus végétaux
silicifiés, a cru pouvoir lui attribuer une origine organique; cette opinion a été réfutée par Woehler.

Fourcroy, en 1781, a montré que le diamant,
chauffé dans une coupelle au feu de moufle, se
couvre d'un enduit noirâtre qui lui permet de laisser
une trace sur le papier. Ce fait semblait démontrer
qu'à une température élevée, le diamant se trans-
forme en charbon. De là à l'idée de la transforma-
tion inverse, la transition était naturelle. Peut-on
transformer le charbon en diamant? Cette question
semble avoir été résolue en principe par M. Despretz.
L'habile physicien est parvenu, au moyen de l'électricité, à volatiliser le charbon, dont les vapeurs
condensées ont fourni des cristaux microscopiques,
à la vérité, mais présentant tous les caractères du
véritable diamant. Qui peut nous affirmer qu'un de
ces jours on ne trouvera pas le moyen de faire des
cristaux de plus forte dimension?

II

Le diamant est un corps vitreux, généralement
incolore, en cristaux plus ou moins parfaits, appar-

tenant au système cubique et offrant un clivage facile
parallèlement aux faces d'un octaèdre régulier.
M. Rose le range parmi les corps *hémiédriques*,
c'est-à-dire parmi ceux qui affectent surtout les
formes relatives au tétraèdre. Ces cristaux sont
presque toujours à faces bombées et à arêtes courbes;
quand ce caractère est très-prononcé, le diamant
offre presque l'aspect d'un sphéroïde. Il est environ
trois fois et demie plus lourd que l'eau distillée.
C'est le plus dur de tous les corps; il les raye tous
et n'est rayé par aucun, si ce n'est peut-être par le
diamant de bore (bore cristallisé), récemment découvert par MM. Woehler et Deville. Il développe par
le frottement l'électricité vitrée. Inattaquable par
la plupart des corps, il peut, à l'abri du contact de
l'air, supporter sans fondre la température la plus
élevée.

Ce corps est un de ceux qui réfractent le plus
fortement la lumière; c'est sans doute à cette puis-
sance de réfraction qu'il doit en grande partie son
éclat. Sa phosphorescence est telle que, présenté
quelques instants à la lumière du soleil et porté ensuite dans l'obscurité, il répand des jets lumineux
pendant un temps plus ou moins long.

Les diamants sont généralement incolores; on en
trouve néanmoins de diverses couleurs, jaunâtres,
enfumés, bruns, noirs, quelquefois opaques. Rarement on en trouve avec des couleurs décidées et bien
vives; tels sont les diamants jaunes, jaune verdâ-

tre, verts, rouges ou roses. Mais, à moins que
ceux-ci ne soient d'une beauté tout à fait exception-
nelle, c'est toujours la variété incolore et parfaitement limpide, c'est-à-dire *d'une belle eau*, que l'on
préfère. C'est ce que les lapidaires appellent *diamants de roche*.

On trouve des diamants cristallisés régulièrement,
en octaèdre ou dodécaèdre rhomboïdal réguliers,
rarement en cube ; et irrégulièrement, en octaèdres
simples ou modifiés sur leurs arêtes, réunis deux à
deux et presque toujours avec des faces de jonction
très-élargies (*diamants maclés*), ou en cristaux à
arêtes curvilignes (*diamants sphéroïdes*), ou enfin en
cristaux groupés, quelquefois très-aplatis (*diamants
groupés*). Certaines variétés ont une structure
fibreuse et non lamellaire ; elles sont plus dures que
les autres, et ne peuvent se cliver ni se tailler ; on
les appelle *diamants de nature*.

III

C'est dans des dépôts d'atterrissement et de trans-
port que l'on trouve le diamant. Ces dépôts sont
superficiels ou recouverts seulement de quelques
couches d'argile d'alluvion ; ils se composent de
cailloux roulés, libres ou réunis en poudingue par
un sable ferrugineux qui porte, au Brésil, le nom
de *cascalhaon* ou *cascalho*. Mais il est évident que le

diamant ne s'est pás formé dans ces dépôts; aussi, pour avoir une idée de l'âge géologique de ce minéral, on devait chercher une roche qui le contînt. M. Huot dit qu'on a reconnu depuis peu, dans l'Inde, sa présence dans un grès qui paraît être de l'époque carbonifère, et dont les débris roulés ont formé des amas au pied des montagnes. A Bornéo, on a reconnu le diamant dans des débris de serpentine où se trouvent aussi du platine et de l'or, tandis qu'en Sibérie il paraît provenir des dolomies carbonifères. On en exploite aussi au Brésil, depuis quelques années, dans un grès micacé flexible, appelé *itacolumite*, ainsi que dans les grès supérieurs, qui passent à celui-ci par toutes les nuances. Mais, comme le fait observer M. Baudrimont, l'itacolumite étant une roche d'origine arénacée et sédimentaire, rien ne prouve que le diamant y a pris naissance, car il a très-bien pu y être entraîné lors de la formation du dépôt des éléments qui la constituent, et s'y trouver ensuite empâté, lorsqu'elle a pris sa consistance actuelle.

Les cinq parties du monde possèdent des diamants; mais leur richesse, sous ce rapport, est fort inégale. En Europe, il y en a un gisement dans les monts Ourals, connu seulement depuis peu d'années; en 1821, M. de Humboldt, examinant les sables aurifères de cette localité, fut frappé de l'analogie de ces sables avec ceux qui, au Brésil, renferment des diamants; les recherches qu'il conseilla ont été couronnées de succès, mais jusqu'à présent la valeur des diamants trouvés ne couvre pas les frais de lavage. On en a recueilli aussi dans les environs d'Iékaterinebourg, de Bissersk et de Kuschwinsk, dans les gouvernements de Perm et d'Orembourg.

En Afrique, un gisement indiqué par les anciens a, dit-on, été retrouvé dans la régence d'Alger; mais cette découverte ne paraît pas avoir une grande importance.

L'Asie renferme les gîtes les plus anciennement connus. On a trouvé des diamants en Sibérie, en 1823. Mais c'est surtout sur les rives de la Krichna et du Pennàr, dans l'ancien royaume de Golconde, au centre du Dekkan, et dans les environs de Pannah, dans l'Allah-Abad, que cette exploitation est très-productive. Nous citerons encore les royaumes de Visapour, de Bengale, de Pégu, les bords du Gange, etc. Tous ces gîtes sont fort éloignés de Golconde, qui est seulement le marché principal des diamants de l'Inde et le lieu où on les taille.

Diverses localités de l'île de Bornéo en renferment aussi, qui ne sont pas moins estimés que ceux de l'Asie méridionale. On cite également un terrain aurifère et diamantifère à Sumatra.

En Amérique, on a signalé des diamants dans une rivière de la Caroline du Nord. Mais c'est le Brésil qui fournit aujourd'hui la plus grande partie des diamants répandus dans le commerce; on les exploite

18

aux environs de Tejuco, dans la province de Minas-Geraes, sur un territoire de 16 lieues de longueur sur 8 de largeur. La région la plus riche est celle qui s'étend du village d'Itambe jusqu'à Sincora, sur la rivière de Poruagrassu (Bahia). La rivière d'Iéquitinhonha est la plus fertile en diamants.

IV

Le diamant se trouve toujours disséminé dans les dépôts, et presque toujours enveloppé d'une croûte terreuse qui y adhère avec plus ou moins de force, et empêche de le reconnaître avant qu'il ait été lavé. Aussi procède-t-on à sa recherche par un lavage à grande eau, capable d'entraîner les parties terreuses ; on enlève les cailloux grossiers, puis on cherche dans le résidu. Au Brésil, ce sont des nègres qui sont chargés de cette recherche.

A l'époque des sécheresses, on détourne les eaux des rivières diamantifères, et on recueille le limon mêlé de cailloux jusqu'à une profondeur de deux à trois mètres. La saison des pluies arrivée, on commence les travaux dans les lavoirs. Ceux-ci renferment des auges où *canoes* disposées côte à côte, et dans chacune desquelles passe un filet d'eau destiné à entraîner les parties terreuses. Quand le *cascalho* est complétement débarrassé de la vase, on cherche en triant le gravier à la main. Le nègre qui a trouvé un diamant se lève et frappe dans ses mains pour avertir l'un des gardiens qui, placés sur des siéges élevés, surveillent tous les mouvements. Ceux-ci prennent les diamants trouvés, et, à la fin de la journée, ils les remettent à l'inspecteur en chef, qui en inscrit le poids sur un registre. Des primes sont accordées aux nègres suivant la grosseur des diamants qu'ils trouvent, et quand ceux-ci atteignent 17 karats 1/2, l'esclave qui en a trouvé un est mis en liberté.

V

Le diamant est la pierre la plus recherchée par la joaillerie, tant pour sa rareté que pour son éclat et les jeux de lumière qu'il produit, surtout aux bougies. On imite cette dernière propriété par des verres chargés d'oxyde de plomb, et appelés *strass*; il en est qui imitent le diamant à s'y méprendre; mais les lapidaires ne s'y trompent pas.

Pour tailler les diamants, on commence par les décroûter, en les frottant l'un contre l'autre, ce qui s'appelle *égriser*; les parcelles qui s'en détachent sont recueillies pour former la poudre nommée *égrisée*, qui sert ensuite à tailler et à polir ces pierres. Dans l'Inde, on taille le diamant de manière à lui conserver tout son volume. En Europe, on sacrifie beaucoup de celui-ci pour donner une belle forme à la pierre, et en même temps pour faire disparaître les défauts connus sous les noms de *points*, *glaces*, *givres*, *crapauds*, *dragonneaux*, *jardinages*, etc.

Les principales formes adoptées pour la taille sont le *brillant* et la *rose*. Le brillant est assez épais, dressé en *table* à sa partie supérieure et formé en *culasse* à l'inférieure. La rose est d'une faible épaisseur, plate en dessous et recouverte d'une multitude de petites facettes triangulaires. Le brillant se monte à jour, jette un grand éclat et donne toutes les nuances du spectre solaire. La rose se monte sur une lame métallique blanche et polie, a moins d'éclat, et ne fait guère que réfléchir la lumière. Sa valeur est en raison de sa convexité ; mais elle est toujours inférieure, toutes choses égales d'ailleurs, à celle du brillant. Il arrive souvent que celui-ci se fait avec une table en diamant et une culasse en cristal de roche.

Le Brésil ne fournit pas annuellement plus de 6 à 7 kilogrammes de diamants; aussi cette matière, même à l'état brut, est-elle toujours fort chère. Les diamants susceptibles d'être taillés valent aujourd'hui 70 à 80 francs le karat.

On se sert depuis longtemps, dans la vente du diamant, d'une unité de poids appelée *karat*, qui vaut 4 grains ou 205 milligrammes. Ce mot vient de *kuara*, nom indien de la graine de l'*Erythrina corallodendron* (vulgairement *pois d'Amérique*). Un diamant taillé d'un karat vaut environ 250 francs. On comprend que celui-ci soit beaucoup plus cher ;

car, d'un côté, il a coûté du travail et perdu de son poids, et de l'autre, on a pu apercevoir beaucoup de défauts qui ont fait rejeter un grand nombre de pierres. Pour les diamants d'un poids notable, les prix croissent comme les carrés des poids. Les diamants extraordinaires par leur grosseur, leur beauté ou leur prix, étaient autrefois appelés *parangons*.

Il existe très-peu de diamants au-dessus de 100 karats; voici la liste à peu près complète de ceux que l'on connaît :

1° Le *Koh-i-Noor* (montagne de lumière), d'une très-belle eau : il pesait, avant la taille, 280 karats environ; la taille l'a réduit à 102; il appartient aujourd'hui à la couronne d'Angleterre;

2° Celui du rajah de Mattan, à Bornéo, pèse 367 karats ou 78 grammes;

3° Le diamant de l'empereur de Russie pèse 193 karats ou 41 grammes; il est de la grosseur d'un œuf de pigeon;

4° Celui de l'empereur d'Autriche, autrefois du grand-duc de Toscane, pèse 139 karats ou 30 grammes; sa teinte est jaune;

5° Le *Régent*, de la couronne de France, pèse 137 karats ou 29 grammes; il vaut au moins six millions, et surpasse tous les précédents par sa perfection, sa limpidité et la beauté de sa forme;

6° L'*Etoile-du-Sud*, exposé par M. Halphen, en 1855, et dont le poids est de 125 karats ou 26 grammes environ. Il vient du Brésil.

Les diamants défectueux, reconnus pour ne pouvoir être taillés, se vendent soit pour faire l'égrisée, soit pour graver ou tailler les pierres fines, soit pour servir de pivot en horlogerie, soit enfin pour couper le verre. On préfère pour ce dernier usage ceux qui sont nettement cristallisés ; ces diamants naturels ont une supériorité marquée sur ceux qui sont taillés par l'art : cela tient, d'après Wollaston, à la courbure des arêtes, qui coupent nettement le verre au lieu de l'érailler. Ces derniers portent dans le commerce le nom de *vitriers.*

FIN

TABLE DES MATIÈRES

—

—◇—

TABLE DES FIGURES

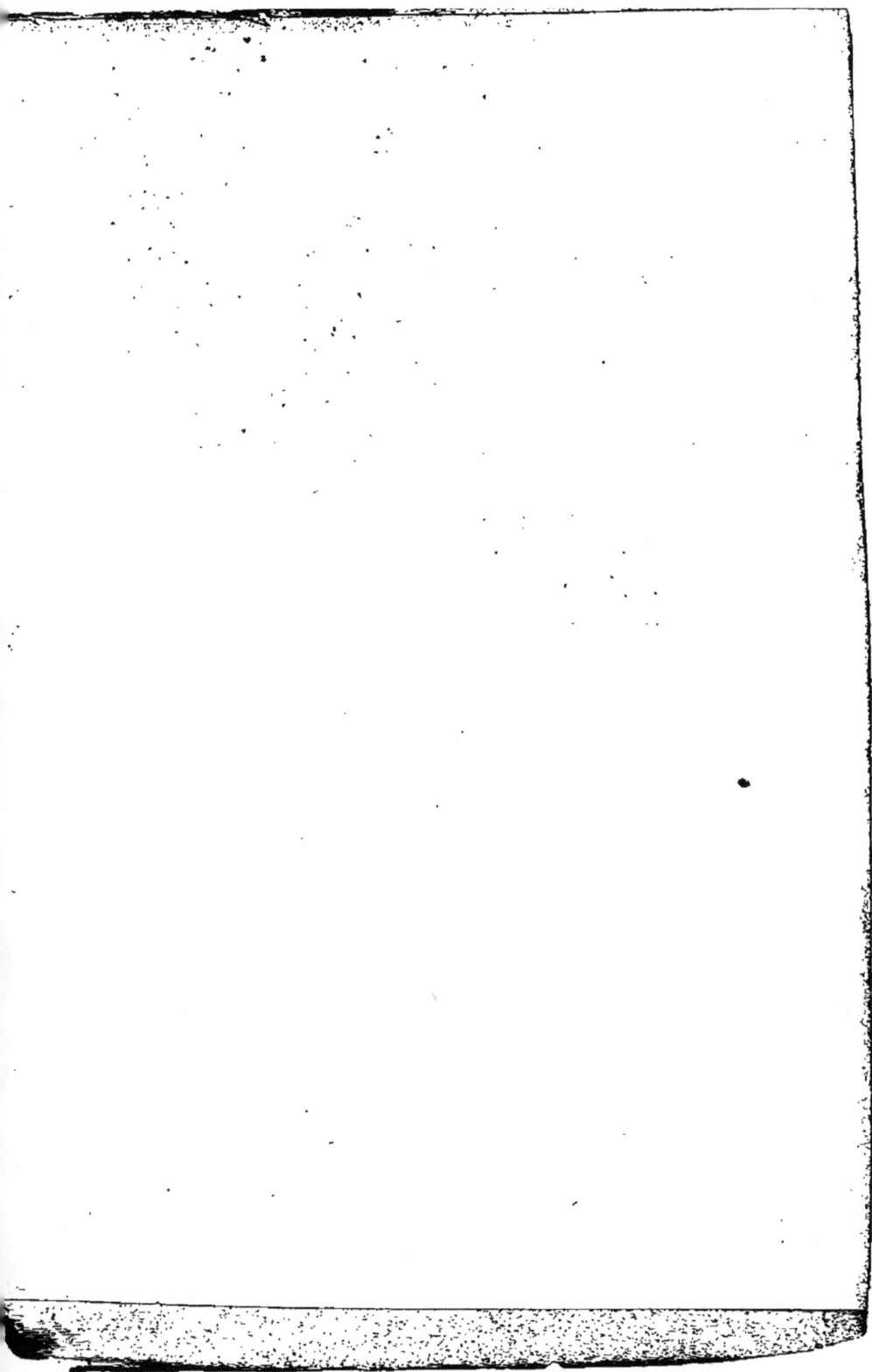

www.ingramcontent.com/pod-product-compliance
Lightning Source LLC
Chambersburg PA
CBHW071941090426
42740CB00011B/1768